TABLE DES MATIÈRES

Nos pronostics pour 2024.

#	Prénom féminin
1	ALBA
2	ANNA
3	MIA
4	JULIA
5	ALMA
6	JULIETTE
7	LUNA
8	GIULIA
9	NINA
10	OLIVIA
11	VICTORIA
12	LYA
13	LYANA
14	LOLA
15	CHARLOTTE
16	MILA
17	LOUNA
18	SOFIA
19	ELENA
20	MARGAUX
21	AVA
22	MYA
23	AYA
24	ALYA
25	MARGOT
26	THÉA
27	CAPUCINE
28	LYNA
29	ALBANE
30	LIVIA

#	Prénom masculin
1	GABRIEL
2	LÉO
3	RAPHAËL
4	MAËL
5	LOUIS
6	NOAH
7	JULES
8	ARTHUR
9	ADAM
10	LUCAS
11	LIAM
12	SACHA
13	ISAAC
14	GABIN
15	EDEN
16	HUGO
17	NAËL
18	AARON
19	MOHAMED
20	LÉON
21	PAUL
22	NOÉ
23	MARCEAU
24	ETHAN
25	NATHAN
26	THÉO
27	TOM
28	NINO
29	MARIUS
30	AYDEN

Les prénoms féminins.

AALIYA Signifie "de haute position" et est d'origine arabe.

AALIYAH Signifie "exaltée" ou "sublime" en arabe et vient du Coran, où il est utilisé pour décrire une personne qui est élevée spirituellement et socialement.

AATHIRA D'origine indienne et signifie "l'éclair" ou "la foudre".

ABBIE Signifie "joie" ou "source de plaisir" et il dérive de l'ancien prénom hébraïque Abigail.

ABBY Le prénom Abby est une forme raccourcie et souvent utilisée comme diminutif du prénom Abigail. Il trouve son origine dans le prénom hébraïque "Avigail" qui signifie "la joie de son père".

ABBYGAËLLE Signifie "joie du père" et trouve son origine dans la combinaison des prénoms Abby ou Abigail, d'origine hébraïque, signifiant "mon père est joie", et Gaëlle, d'origine bretonne, signifiant "généreux" ou "plein de joie".

ABIGAËLLE Signifie "la joie du père" et trouve son origine dans la Bible, où il désigne une femme sage et belle.

ABIGAÏL Signifie "joie du père" en hébreu et il est d'origine biblique.

ABY D'origine hébraïque et signifie "ma source de joie".

ABYGAËL D'origine hébraïque et signifie "joie de Dieu".

ABYGAËLLE Signifie "joie du Seigneur" en hébreu et il trouve son origine dans la Bible.

ACACIA Signifie "arbre" ou "thérapie" et il est originaire du grec.

ADALINE Signifie "noble" ou "de nobles origines" et a des origines germaniques.

ADÉLAÏDE Signifie "noble" et trouve son origine dans l'ancien germanique.

ADELE Signifie "noble" ou "noble beauté" et a des origines germaniques.

ADÉLIA Signifie "noble" en allemand et provient de l'ancien prénom germanique "Adalheidis".

ADÉLIE Signifie "noble" et a une origine germanique.

ADELINA Signifie "noble" ou "de noble lignée" et a des origines latines.

ADELINE Signifie "noble" ou "noble grâce" et est d'origine germanique.

ADHIRA Signifie "passionnée" en sanskrit et est d'origine indienne.

ADJA D'origine Africaine qui signifie "noble" ou "princesse".

ADJARA Signifie "noble" en langue adja et est originaire du Bénin.

ADRIA Signifie "originaire d'Adrie" et trouve son origine dans la mythologie grecque, faisant référence à la mer Adriatique.

ADRIANA D'origine latine, signifie "venant de la mer Adriatique" ou "femme originaire d'Adria".

ADRIENNE Signifie "originaire d'Adria" et notamment porté par les femmes. Il trouve son origine dans le nom de la mer Adriatique.

AËLA D'origine bretonne qui signifie "ange" ou "messager divin".

AËLIA D'origine latine qui signifie "appartenant à la famille Aëluis" ou "descendant d'Aëluis".

AËLYA Signifie "ange" en hébreu et est d'origine arabe.

AËLYS Signifie "noble" ou "de haute lignée" et a une origine bretonne.

AÉNA Signifie "château" en breton et trouve ses origines dans la culture celtique.

AFNANE Signifie "branche de palmier" en arabe et est d'origine marocaine.

AGATHA D'origine grecque signifiant "bonté" ou "bienveillante", souvent attribué en référence à Sainte Agathe, martyre chrétienne au IIIe siècle.

AGLAÉ D'origine grecque, qui signifie "belle, splendeur".

AHANA Signifie "premier rayon du soleil" en sanskrit et trouve son origine dans la culture indienne.

AHSEN D'origine arabe et signifie "la plus belle, la plus gracieuse".

AÏCHA D'origine arabe qui signifie "vivante" ou "pleine de vie".

AÏCHATA Signifie "celle qui est vivante, pleine de vie" et est d'origine arabe.

AÏDA Signifie "la visite" en arabe et il a été popularisé grâce à l'opéra éponyme de Giuseppe Verdi.

AÏLA Signifie "noble" ou "de noble origine" et a des origines turques.

AIMY Signifie "bien-aimée" et a des origines latines.

AÏNA D'origine malgache qui signifie "vie" ou "existence".

AINARA Signifie "hirondelle" en basque et trouve son origine dans la culture basque.

AÏNHOA D'origine basque, qui signifie "la pierre sacrée".

AÏSHA Signifie "vie", "vivante" en arabe et provient directement du Coran, Aïsha étant le nom de la plus jeune épouse du prophète Mahomet.

AÏSSATA Signifie "femme au caractère noble" en langue peule et se réfère à la descendance de la Prophète Mahomet.

AÏSSATOU Signifie "celle qui est aimée et en paix" en arabe, et il est d'origine africaine, notamment utilisé dans les pays à majorité musulmane tels que le Sénégal, le Mali et la Guinée.

AÏSSÉ D'origine arabe signifiant "vie" ou "celle qui est en bonne santé", il est très répandu dans les pays musulmans.

AÏSSETA D'origine africaine qui signifie "celle qui est fière" ou "celle qui est respectée".

AÏTANA D'origine basque qui signifie "glorieuse" ou "belle montagne".

AÏVY La signification du prénom AÏVY est "belle fleur" et il s'agit d'une variante du prénom anglais Ivy, qui fait référence à la plante grimpante.

AKSHARA Signifie "indestructible" en sanskrit et a une origine indienne.

ALAÏA D'origine arabe signifie "hautain, noble" et est fréquemment utilisé dans les pays du Maghreb.

ALANA Signifie "beauté" et a des origines gaéliques.

ALAYNA D'origine hawaïenne et signifie "belle".

ALBA Signifie "aube" en latin et il a des origines italiennes.

ALBANE Signifie "originaire d'Albanie" et est d'origine latine.

ALEA Signifie "hasard" en latin et représente la notion d'imprévisibilité et de chance. Il trouve son origine dans la langue latine.

ALÉNA D'origine slave qui signifie "éclat du soleil" ou "rayonnement".

ALESSIA D'origine italienne et signifie "défense de l'humanité".

ALEXANE Le prénom Alexane est un dérivé féminin du prénom Alexandre, d'origine grecque, qui signifie "protecteur de l'humanité".

ALEXIA D'origine grecque et signifie "défense de la parole".

ALEXIE D'origine grecque et signifie "défenseur de l'humanité".

ALEYA D'origine arabe qui signifie "haute, élevée, sublime".

ALEYAH Signifie "exaltée" ou "la plus haute" et a des origines arabes.

ALEYNA Signifie "belle et lumineuse" en turc et trouve son origine dans cette langue.

ALFIYA D'origine arabe et signifie "excellent", "vertueux" ou "distingué".

ALICIA D'origine germanique, signifie "noble" ou "de noble lignée".

ALIÉNOR Signifie "la lumière étrangère" et trouve son origine dans le prénom médiéval Aliénor, version provençale d'Éléonore.

ALIMA Signifie "bienveillante" en arabe et est d'origine africaine.

ALINA Signifie "noble" ou "de noble lignée" et il provient de l'ancienne forme germanique "Adelina", dérivant du nom "Adela" qui

ALINE Le prénom Aline vient du prénom allemand "Adelheid", signifiant "noble" ou "de sang noble", et est également d'origine germanique

ALISA Signifie "noble" et trouve son origine dans les pays slaves.

ALISHA D'origine arabe et signifie "noble" ou "honnête".

ALISSA Signifie "noble" ou "noble guerrière" et tire son origine du prénom allemand "Adelheid".

ALIXE Signifie "protectrice de l'humanité" et a une origine germanique.

ALIYA D'origine arabe qui signifie "noble" ou "élevée".

ALIYAH Signifie "élévation" ou "ascension" en arabe et il est d'origine hébraïque.

ALIZA Signifie "joyeuse" ou "joyeuse femme" et est d'origine hébraïque.

ALIZÉE Signifie "vent du sud-ouest" et trouve son origine dans le terme "alizé", qui désigne un vent régulier et prédominant dans les régions tropicales.

ALLYA D'origine russe qui signifie "noble" ou "gracieuse".

ALLYAH Signifie "sublime" ou "élevée" et il vient de l'arabe.

ALMA Signifie "âme" en espagnol et en italien, et trouve son origine dans le latin "almus" qui

ALWENA Signifie "ami noble" en gallois et trouve son origine dans la culture celtique.

ALWENNA La signification du prénom ALWENNA est "la bien-aimée" et il a une origine celte.

ALYA D'origine arabe et signifie "signe, miracle".

ALYAH Signifie "ascension" en arabe et a une origine hébraïque.

ALYANA D'origine arabe et signifie "fleur d'oranger".

ALYCIA Le prénom ALYCIA a une signification incertaine mais il est probablement dérivé du prénom Alice, d'origine grecque.

ALYNA D'origine russe et signifie "noble" ou "noble personne".

ALYS Signifie "noble" et trouve son origine dans le prénom français Alice.

ALYSSA Le prénom Alyssa a une signification incertaine, mais il est souvent associé à la noblesse ou à la noblesse dans diverses cultures. Il est dérivé du prénom Alice, qui est d'origine germanique et signifie "noble" ou "de noble naissance".

ALYSSIA Le prénom ALYSSIA est une variation du prénom Alice, d'origine germanique, qui signifie "noble" ou "de noble lignée".

ALYZÉA D'origine française et signifie "brise légère" ou "vent doux".

ALYZÉE Signifie "brise marine" et trouve son origine dans le mot arabe "al-□azīz" qui

AMAÏA D'origine basque et signifie "celle qui est aimée".

AMALIA D'origine germanique, signifie "travail" ou "industrieuse" et est dérivé du prénom Adela.

AMALIYA Le prénom AMALIYA a une signification incertaine et son origine provient probablement du prénom amalique "amal", qui signifie "travail" ou "espoir" en arabe.

AMALYA Signifie "travailleur acharné" ou "travailleur infatigable" et trouve son origine dans la langue hébraïque.

AMANA Signifie "loyauté" en langue sémitique et tire son origine du Togo.

AMANDA Signifie "aimée" en latin et trouve son origine dans la littérature romaine, principalement à travers l'œuvre de Virgile, l'Énéide.

AMANDINE Signifie "aimée" ou "digne d'amour" et trouve son origine dans le latin "amandus".

AMATULLAH Signifie "servante de Dieu" en arabe et il vient de la culture musulmane.

AMAYA Signifie "pluie du soir" en basque et il est d'origine basque.

AMAYAH D'origine hébraïque et signifie "la grâce de Dieu".

AMBER Signifie "ambre" en anglais et provient du nom de la résine fossile utilisée dans la fabrication de bijoux.

AMBÉRINE Signifie "la précieuse gemme ambrée" et est d'origine française.

AMBRINE Le prénom AMBRINE a une signification incertaine, mais il pourrait être dérivé du mot "ambre" qui désigne une résine fossile utilisée dans la parfumerie, et il est d'origine arabe.

AMÉLIA D'origine germanique qui signifie "travailleur" ou "industrieuse", et il est dérivé du prénom "Amélie".

AMÉLYA Signifie "travailleur infatigable" et est d'origine allemande.
AMI Signifie "ami(e)" en français et il est d'origine hébraïque.
AMICIE Signifie "amie" ou "amicale" en latin et trouve son origine dans la tradition chrétienne.
AMINA Signifie "digne de confiance" en arabe et trouve son origine dans la culture islamique.
AMINAH Signifie "digne de confiance" en arabe et trouve son origine dans l'Islam.
AMINATA Signifie "la confiée à Dieu" et est d'origine africaine, notamment répandu dans les régions d'Afrique de l'Ouest, telles que la Guinée et le Sénégal.
AMINATOU Signifie "digne de confiance" et est d'origine arabe.
AMIRA Signifie "princesse" en arabe et a des origines hébraïques.
AMNA Signifie "sécurité" ou "paix" en arabe et a des origines arabes et musulmanes.
AMRA Signifie "immortel" en arabe et il est d'origine indienne.
ANA D'origine hébraïque et signifie "grâce" ou "miséricorde".
ANAÉ D'origine bretonne qui signifie "grâce" ou "faveur divine".
ANAËLLE D'origine bretonne, signifiant "grâce de Dieu" ou "ange de lumière".
ANAÏA Signifie "grâce" ou "faveur divine" et a des origines hébraïques.
ANAÏS Signifie "grâce" en hébreu et il est d'origine grecque.
ANAÏSS D'origine provençale qui signifie "grâce" ou "charme".
ANALIA Signifie "grâce" en hébreu et trouve son origine en Amérique du Sud, notamment en Argentine et au Brésil.
ANALYA D'origine hébraïque et signifie "grâce de Dieu".
ANANYA Signifie "unique" ou "sans égal" en sanskrit et trouve son origine dans la culture indienne.
ANASTASIA Signifie "résurrection" et a une origine grecque.
ANAYA Signifie "attention, compassion" et est d'origine basque.
ANAYAH Signifie "protectrice" en hébreu et trouve son origine dans la culture biblique.
ANAYS D'origine basque et signifie "grâce" ou "miséricorde".
ANDREEA D'origine roumaine qui est une variante du prénom Andréa, dérivé du prénom masculin André, d'origine grecque, signifiant "viril" ou "fort".
ANDREIA D'origine grecque signifiant "virilité" ou "force masculine", dérivé du prénom André.
ANÉLIA Signifie "grâce" ou "charme" et a une origine bulgare.
ANELYA Signifie "grâce" en russe et il a des origines slaves.
ANFEL La signification du prénom ANFEL n'est pas clairement définie et son origine est inconnue.
ANGELA Signifie "ange" en latin et est d'origine grecque.
ANGÉLICA Signifie "ange" et est d'origine latine.
ANGÉLINA D'origine latine et signifie "ange" ou "messagère divine".
ANGÉLINE Signifie "ange" et trouve son origine dans le prénom anglo-saxon "Angelina".
ANGHJULINA Le prénom ANGHJULINA est un dérivé corse du prénom Angeline, d'origine grecque, qui signifie "messagère" ou "ange".
ANIA Signifie "grâce" et a des origines polonaises.
ANICHA Signifie "grâce" et trouve son origine dans la langue hébraïque.
ANIKA D'origine néerlandaise et est une forme diminutive du prénom "Anna". Il signifie "gracieuse" ou "pleine de grâce".
ANISSA Signifie "qui apporte la satisfaction" ou "qui apaise" et est d'origine arabe.
ANISSYA Signifie "gracieuse" et a des origines russes ou slaves.
ANITA Signifie "gracieuse, pleine de grâce" et a une origine espagnole ou italienne.
ANJA Signifie "grâce" en croate et en serbe, et il est d'origine slave.
ANJALI Signifie "offrande" en sanskrit et a des origines indiennes.
ANJALIE Signifie "offrande divine" et trouve son origine dans la culture indienne.
ANJALY Signifie "offrande" en sanskrit et trouve ses origines en Inde.
ANNA Signifie "gracieuse" en hébreu et son origine remonte à l'Antiquité.
ANNA-DEA Signifie "grâce divine" et il est d'origine latine.

ANNA-LIA	Le prénom Anna-Lia est un prénom féminin d'origine italienne qui est issu de la contraction des prénoms Anna et Lia, et signifie "grâce divine" ou "gracieuse lumière".
ANNA-LIVIA	D'origine latine et signifie "gracieuse" ou "pleine de vie".
ANNA-MARIA	D'origine hébraïque et germanique, et signifie "gracieuse et aimée" ou "mer amère".
ANNA-ROSE	Signifie "grâce et beauté" et est d'origine anglo-saxonne.
ANNABELLE	D'origine latine et signifie "belle grâce".
ANNAËLLE	D'origine bretonne et signifie "grâce de Dieu".
ANNE-LISE	Signifie "grâce de Dieu, promesse de Dieu" et il est d'origine germanique.
ANNETTE	Signifie "grâce" et trouve son origine en français, dérivé du prénom Anne.
ANNIE	D'origine anglo-saxonne et est le diminutif du prénom Ann. Il signifie "grâce" ou "bienveillante".
ANOUCHKA	Signifie "grâce" ou "grâce de Dieu" et trouve son origine en Russie.
ANOUCK	D'origine néerlandaise et signifie "gracieuse" ou "bénédiction".
ANRAFA	Le prénom ANRAFA n'a pas de signification ou d'origine connue, il semble être un prénom fictif ou très rare.
ANTA	Signifie "belle" en wolof, une langue parlée principalement en Afrique de l'Ouest, notamment au Sénégal.
ANTONELLA	Signifie "précieuse, inestimable" et est d'origine italienne.
ANYA	D'origine russe, qui signifie "grâce" ou "bienfait".
ANYCHA	D'origine russe, signifie "gracieuse" ou "gracieuse comme une étoile".
ANYICHA	D'origine russe féminin dont la signification est "grâce de Dieu".
APOLINE	Signifie "pure" et trouve son origine dans la mythologie grecque, où il était associé à Apollon, le dieu du soleil et des arts.
APOLLINE	Signifie "consacrée à Apollon" et trouve son origine dans la mythologie grecque, où Apollon était le dieu de la lumière, de la musique et de la guérison.
APPOLINE	Signifie "dédiée à Apollon" et trouve son origine dans la mythologie grecque, en référence au dieu grec de la musique et des arts.
APRIL	Signifie "avril" en anglais et trouve son origine dans le latin "Aprilis" qui fait référence au mois du printemps.
ARCHANA	D'origine sanscrite et signifie "offrande" ou "adoration" en référence aux rituels religieux hindous.
AREEJ	Signifie "aromatisation" ou "parfum" en arabe et il est d'origine arabe.
ARIANA	Signifie "très sainte" ou "très pure" en grec et il est d'origine persane.
ARIANE	D'origine grecque qui signifie "la très pure" ou "celle qui est sainte". Il est également associé à la mythologie grecque, représentant la fille du roi de Crète, Minos, qui aida Thésée à vaincre le Minotaure.
ARIANNA	Signifie "sainte" ou "gracieuse" et provient du latin "Ariana", dérivé du prénom grec "Ariadné".
ARIELLE	Signifie "lionne de Dieu" en hébreu et il est dérivé du prénom Ariel, qui apparaît dans la Bible en tant qu'ange messager.
ARINAS	Signifie "qui aime la nature" et son origine est incertaine.
ARMANCE	Signifie "chérie" et trouve son origine dans la culture française.
ARMELLE	Signifie "petite ourse" en breton et trouve son origine dans la tradition celtique.
ARNA	Signifie "aigle" et a des origines germaniques.
ARSEMA	Signifie "fleur" en éthiopien et est d'origine éthiopienne.
ARTÉMIS	Signifie "saine et sauve" en grec ancien et est d'origine grecque, faisant référence à la déesse grecque de la chasse et de la nature sauvage.
ARWA	D'origine arabe et signifie "élevée", "noble", ou "grande" en arabe.
ARWENN	D'origine celtique qui signifie "joyau blanc" ou "reine blanche".
ARYAH	Signifie "lion" en hébreu et il a des origines bibliques.

ASEEL Signifie "pure" en arabe, et il est d'origine arabe.
ASEL D'origine turque et signifie "miel" ou "abeille".
ASENA Signifie "gracieuse" ou "élégante" en turc et est d'origine turque, dérivé du mot "asen" qui
ASHVIKA D'origine indienne et signifie "celle qui est bénie et protégée par Dieu".
ASIA Signifie "aube" en vietnamien et "orient" en grec, et il est d'origine latine.
ASIYA Signifie "vie joyeuse" en arabe et trouve son origine dans la tradition islamique, en référence à la femme du pharaon défenseur de Moïse.
ASMA Signifie "beauté éminente" et a une origine arabe.
ASMAA Signifie "celle qui a un haut rang" en arabe et est d'origine musulmane.
ASMIN Signifie "pure" et trouve son origine dans le prénom arabe "Asma", qui
ASNA Signifie "espoir" et son origine est incertaine, mais il est souvent associé à la culture arabe.
ASSA D'origine hébraïque et signifie "médecin" ou "guérisseur".
ASSATA Signifie "elle est aimée" en swahili et il a une origine africaine, notamment associée à l'histoire de l'activiste afro-américaine Assata Shakur.
ASSETOU D'origine africaine, principalement utilisé en Afrique de l'Ouest, qui signifie "celle qui est aimée et bénie".
ASSIA Signifie "guépard" en arabe et tire son origine des pays de langues arabes.
ASSIAH Signifie "monde matériel" en hébreu et il a une origine biblique, apparaissant dans l'Ancien Testament comme une référence au monde terrestre.
ASSIAT D'origine africaine qui signifie "celle qui apaise".
ASSILE D'origine arabe et signifie "paix" ou "qui apporte la paix".
ASSIMA Signifie "celle qui est protégée" en arabe et a une origine musulmane.
ASSITA Signifie "celle qui est née le vendredi" et trouve son origine en Afrique de l'Ouest.
ASSITAN Signifie "celle qui est couronnée de succès" en langue bambara et il est originaire de l'Afrique de l'Ouest.
ASSIYA Signifie "celle qui est pure" en arabe et trouve son origine dans la religion musulmane, étant le nom de la femme du pharaon qui a élevé le prophète Moïse.
ASSIYAH Signifie "répandue" en arabe et a une origine hébraïque.
ASSYA Signifie "nuit étoilée" en arabe et trouve son origine dans cette langue.
ASSYAH D'origine arabe et signifie "la vie" ou "celle qui est en vie".
ASTOU D'origine sénégalaise qui signifie "étoile" ou "renommée".
ASTRÉE Signifie "étoile" en grec ancien et tire son origine de la mythologie grecque où Astrée est la déesse de la justice et de la pureté.
ASYA Signifie "vie" ou "elle qui est vivante" en hébreu. Il est également d'origine arabe et turque.
ATHÉNA Signifie "sagesse" et trouve son origine dans la mythologie grecque, faisant référence à la déesse de la sagesse et de la guerre.
ATHÉNAÏS Signifie "originaire d'Athènes" et il trouve son origine dans la mythologie grecque, en référence à la déesse Athéna.
ATIYA Signifie "générosité" en arabe et trouve son origine dans les cultures arabes et africaines.
AUBANE Signifie "brillante aube" et trouve son origine dans le terme latin "albus" signifiant "blanc".
AURE Signifie "d'or" en latin et son origine remonte à l'époque romaine où il faisait référence à la couleur précieuse et brillante de l'or.
AURÉLIA Signifie "dorée" en latin et trouve son origine dans le nom de famille romain Aurelius.
AURIANE Signifie "dorée" et est d'origine latine.
AURORA Signifie "aurore" en latin et est d'origine latine également.
AURORE Signifie "aube" ou "lever du soleil" en latin et est inspiré de la déesse romaine de l'aurore.
AUTOMNE Signifie "saison des feuilles qui tombent" et trouve son origine dans la langue française.
AVA Signifie "vie" et trouve son origine dans les langues germaniques.
AVAH D'origine anglaise et signifie "douce et gracieuse".

AVITAL D'origine hébraïque et signifie "mon père est la nuit étoilée".
AWA D'origine africaine et signifie "belle enfant" ou "la divine".
AWENA Signifie "pur feu" en breton et trouve son origine dans la mythologie celtique.
AXELLE D'origine scandinave et signifie "petite noble".
AYA D'origine japonaise et signifie "couleur" ou "dessin".
AYAH Signifie "signe" ou "miracle" en arabe, et il est d'origine musulmane.
AYANA D'origine africaine qui signifie "beauté éternelle" ou "fleur colorée".
AYANAH D'origine africaine qui signifie "fleur éternelle" ou "belle fleur".
AYANNA Signifie "fleur éternelle" en swahili et trouve son origine en Afrique de l'Est.
AYAT Signifie "signe" en arabe et a une origine musulmane.
AYDA Signifie "la lune" en arabe et trouve son origine dans la culture arabe.
AYESHA Signifie "vivante", "en plein essor" en arabe, et il est d'origine arabe.
AYEZA Signifie "éclatante" en zoulou et provient des cultures sud-africaines.
AYLA Signifie "lune brillante" et trouve son origine dans la culture turque et hébraïque.
AYLAH Signifie "délice" ou "halo de lumière" et trouve son origine dans la culture hébraïque.
AYLANA Signifie "éclat du soleil" et son origine est turque.
AYLEEN Signifie "lumière" et il a une origine anglo-saxonne.
AYLIE D'origine française et signifie "noble" ou "noble combattante".
AYLIN Signifie "le halo de lumière de la lune" et trouve son origine dans la langue turque.
AYLINE D'origine anglaise qui signifie "noble lumière".
AYLIZ AYLIZ est un prénom breton féminin qui signifie "joie" ou "célébration", il est d'origine celtique.
AYMIE Signifie "aimée" et trouve son origine dans la langue latine.
AYNA D'origine arabe et signifie "miroir, réflexion".
AYNAH Signifie "celle qui est miroir" en arabe et trouve son origine dans la culture musulmane.
AYSE D'origine turque, il signifie "vivante" ou "pleine de vie".
AYSHA D'origine arabe qui signifie "vie" ou "vivacité", et il est souvent associé à la beauté et à la grâce dans la culture musulmane.
AZÉLIA Signifie "fleur" en grec et trouve son origine dans les plantes du genre Azalea, connues pour leurs magnifiques fleurs colorées.
AZÉLIE D'origine française qui signifie "noble" ou "noble lumière". Son origine provient du prénom azalée, qui désigne une fleur de la famille des rhododendrons.
AZÉNOR Signifie "courage" en breton et trouve son origine dans la légende arthurienne, notamment liée à la ville d'Ys en Bretagne.
AZILIS Signifie "clarté" et a des origines bretonnes.
AZILIZ Signifie "lumière" en breton et son origine remonte à la langue celte.
AZILYS D'origine bretonne qui signifie "étoile" ou "lumière", symbolisant ainsi la beauté et l'éclat.
AZRA Signifie "vierge céleste" et trouve son origine dans la mythologie perse.
AZZURA Signifie "bleue" en italien et il est d'origine italienne.
AZZURRA Signifie "bleue" en italien et fait référence à la couleur du ciel ou de la mer. Son origine est italienne.
BAHATI Signifie "chance" ou "béni" en swahili et provient d'Afrique de l'Est, principalement de la région des Grands Lacs.
BAHIA Signifie "brillante" ou "rayonnante" en arabe et trouve son origine dans la culture arabe.
BAMBY Signifie "celui qui est doux comme un faon" et il est d'origine italienne.
BARBARA D'origine grecque signifie "étrangère" ou "étrange" et était popularisé par l'histoire chrétienne de Sainte Barbara, martyre au IIIe siècle.
BASMA D'origine arabe et signifie "sourire" ou "joie".
BATYA Signifie "fille de Dieu" en hébreu et trouve son origine dans la Bible.
BAYA D'origine arabe et signifie "la voyante" ou "celle qui voit clair".
BAYENE D'origine éthiopienne et signifie "qui a été inventé".

BEATRICE Signifie "celle qui apporte le bonheur" et trouve son origine dans la langue latine.

BEATRIZ Signifie "celle qui apporte le bonheur" et trouve ses origines dans la langue espagnole.

BEILA Signifie "beauté" en yiddish et il a une origine hébraïque.

BELKIS D'origine arabe et fait référence à la reine de Saba, une figure légendaire de la Bible et du Coran.

BELLA Signifie "belle" en italien et est souvent utilisé comme diminutif du prénom Isabella, d'origine latine.

BENEDITA Signifie "bénie" en latin et il a une origine portugaise.

BÉRÉNICE Signifie "porte victorieuse" et trouve son origine dans l'Égypte antique.

BERTILLE D'origine germanique et signifie "brillante comme une hache".

BETTY Signifie "promise de Dieu" et est dérivé du prénom Elizabeth d'origine hébraïque.

BIANCA Signifie "blanche" en italien et il est d'origine italienne.

BIBI Le prénom Bibi est un diminutif courant pour les prénoms arabes, tels que Ibrahim ou Moubina, et est également employé comme surnom affectueux pour les proches.

BILLIE Signifie "volonté forte" et est d'origine anglaise.

BINTA Signifie "fille" ou "enfant" en arabe et est d'origine ouest-africaine.

BINTI Signifie "fille" en swahili et est d'origine africaine.

BINTOU D'origine africaine et signifie "fille" ou "fille de Dieu".

BINTY Signifie "fille" en langue mandingue et est d'origine africaine, notamment utilisé dans les pays comme la Guinée, le Mali ou le Sénégal.

BLEUENN D'origine bretonne, signifie "fleur bleue" en référence à la couleur symbolique de la Bretagne.

BLUMA Signifie "fleur" en yiddish et il a une origine hébraïque ashkénaze.

BONNIE Signifie "belle" ou "charmant" et a des origines écossaises.

BOUCHRA Signifie en arabe "bonnes nouvelles" et est d'origine arabe.

BRIANA Signifie "force" ou "vertueuse" et est d'origine celte.

BRIANNA D'origine irlandaise et signifie "force" ou "puissance".

BRUNE Signifie "brune" en italien et est d'origine latine.

CALIE D'origine grecque et signifie "belle" ou "charmante".

CALISTA Signifie "la plus belle" en grec, et son origine remonte à l'Antiquité.

CALLIE Signifie "belle" ou "vocaliste" et est d'origine grecque.

CALY Signifie "belle" ou "rayon de lune" et est d'origine grecque.

CALYPSO Signifie "qui cache" en grec et tire son origine de la mythologie grecque avec Calypso, une nymphe qui retint Ulysse pendant plusieurs années sur son île.

CAMÉLIA D'origine latine et signifie "fleur". Il est également associé à la fleur du camélia, symbole de beauté et de perfection.

CAMILA D'origine latine et signifie "jeune fille aux traits parfaits".

CAMILIA D'origine arabe et signifie "parfaite", "complète" ou "excellente".

CAMILLA Signifie "jeune servante de sanctuaire" et trouve son origine dans la mythologie romaine avec Camilla, une guerrière italienne.

CANDICE D'origine latine et signifie "éclatant de blancheur" ou "éclat de pureté".

CAPUCINE Signifie "coquelicot" et trouve son origine dans la fleur éponyme, souvent associée à la beauté et à la féminité.

CARLA Signifie "forte", "hardie" et trouve son origine dans la version italienne du prénom féminin Carlotta, dérivé du prénom Charles.

CARLA-MARIA Le prénom Carla-Maria est un prénom composé d'origine italienne, qui combine les prénoms Carla (féminin de Charles) et Maria (Marie en italien) signifiant "force" et "grâce".

CAROLINA Signifie "femme forte" et a une origine latine.

CAROLINE Signifie "forte" ou "vaillante" et il trouve son origine dans le prénom allemand "Karl", qui

CASSANDRA Signifie "prophétesse" et a une origine grecque, provenant du personnage mythologique Cassandra, fille du roi Priam de Troie, qui avait le pouvoir de prédire l'avenir mais qui n'était pas crue.

CASSIE Signifie "pure" et trouve son origine dans le prénom grec Cassandre.

CASSIOPÉE Signifie "elle qui brille" et trouve son origine dans la mythologie grecque, en référence à la reine Cassiopée, la mère d'Andromède.

CASSY Variante féminine anglo-saxonne du prénom français Cassandre, d'origine grecque, signifiant "qui repousse les hommes".

CASTILLE Signifie "château" et provient du latin "castellum".

CATALEYA D'origine espagnole et peut avoir différentes significations, notamment "fleur" ou "pureté".

CATALINA Signifie "pure" ou "chaste" et trouve son origine dans le prénom espagnol Catalunya, faisant référence à la région de Catalogne en Espagne.

CATALYA D'origine espagnole et signifie "pureté" ou "innocence".

CATALYNA Le prénom Catalyna est dérivé du prénom Catherine, d'origine grecque et signifiant "pure" ou "chaste".

CATTLEYA Signifie "orchidée" et trouve son origine dans la famille botanique des orchidées, qui a été nommée ainsi en l'honneur de William Cattley, un collectionneur britannique passionné d'orchidées au 19ème siècle.

CÉCILIA D'origine latine qui signifie "aveugle" ou "qui est aveuglée par sa beauté".

CÉLÉNA D'origine grecque et signifie "la lune".

CÉLÈNE D'origine grecque et signifie "céleste" ou "divine".

CÉLESTINE Signifie "céleste, d'origine divine" et trouve son origine dans la langue latine.

CÉLIA Signifie "céleste" ou "déesse du ciel" et est d'origine latine.

CÉLINA Signifie "céleste" ou "lumineuse" et a des origines latines.

CELINE Signifie "ciel" et a une origine latine.

CÉLYA D'origine arabe et signifie "celle qui est douce et généreuse".

CERISE Signifie "cerise" en français et son origine est liée au fruit du même nom.

CEYLIN D'origine turque et signifie "la pleine lune".

CÉZANNE Signifie "celui qui est né à Aix-en-Provence" et il est d'origine provençale.

CHADEN Signifie "jeune guerrier" et il est d'origine arabe.

CHAHIDA Signifie "témoin" en arabe et il trouve son origine dans la culture musulmane.

CHAHINEZ Signifie "la belle" ou "la précieuse" en arabe. Il a une origine arabe et peut être donné aux filles, symbolisant la beauté et la valeur.

CHAÏMA Signifie "désirée" ou "aimée" en arabe, et a pour origine la religion musulmane.

CHAÏNA D'origine hébraïque et signifie "grâce de Dieu".

CHAMA Signifie "solaire" en arabe et trouve son origine dans la culture musulmane.

CHAMSIA Signifie "soleil" en arabe et provient de la culture arabo-musulmane.

CHARFIA D'origine arabe et signifie "générosité" ou "bienveillance".

CHARLÈNE Le prénom CHARLÈNE vient du prénom masculin Charles et signifie "homme libre" en germanique. Son origine remonte au Moyen Âge.

CHARLINE D'origine allemande et est dérivé du prénom masculin "Karl", signifiant "homme libre" ou "viril".

CHARLIZE Signifie "petite femme libre" et il est d'origine afrikaans.

CHARLOTTE Signifie "petite" ou "féminine" et est d'origine française.

CHAYMA Signifie "lumière" en arabe et est d'origine arabe.

CHELSEA Signifie "port pour les navires" et son origine est anglaise.

CHELSY D'origine américaine et il signifie "une personne intelligente et aimable".

CHERYL Signifie "chérie" en anglais et a été créé comme un nom moderne dans les années 1920 en Amérique.

CHIARA Signifie "clair" ou "lumineux" en italien et il a une origine latine.

CHJARA D'origine corse et est une variante du prénom Clara. Il signifie "claire" ou "lumineuse".

CHLOË Signifie "verdure" en grec et vient du mot khloé qui désigne la pousse verte d'une plante.

CHRISTELLE Signifie "disciple du Christ" en grec et est dérivé du prénom Christine.
CHRISTINA Signifie "disciple du Christ" et est d'origine grecque.
CIARA D'origine irlandaise qui signifie "noir" ou "noiraud" et symbolise la beauté et la puissance.
CIRCÉ Signifie "faucon" et provient de la mythologie grecque, où CIRCÉ est une puissante magicienne.
CLAUDIA Signifie "femme de lignée noble" et trouve son origine dans l'Antiquité romaine, dérivé du nom latin "Claudius".
CLÉA Signifie "illustre" en grec et il est dérivé du prénom Cléopâtre, qui
CLÉLIA Signifie "illustre" en latin et trouve son origine dans la Rome antique.
CLÉMENCE Signifie "clémence" ou "miséricorde" et il a une origine latine.
CLÉMENTINE Signifie "clemens" en latin, ce qui veut dire "clément" en français, et trouve son origine dans la douceur et la bonté.
CLÉOPHÉE Signifie "célèbre" ou "illustre" et vient du grec ancien "kleós" qui
CLOÉ Signifie "verdure" et il a une origine grecque.
COLINE Signifie "petite victoire" et trouve son origine dans le prénom grec Nicolas.
COLLINE Signifie "petite colline" et son origine provient du latin "collis".
COSIMA Signifie "ordre divin" et il est d'origine grecque.
COUMBA Signifie "la colombe" en sérère et est d'origine africaine.
CYLIA Variante du prénom Cécile et vient du latin "caeculus" qui signifie "aveugle".
CYRIELLE Signifie "seigneurie" et trouve son origine dans la région de la Gaule.
CYRINE Signifie "qui brille" en grec et il est d'origine arabe.
DAFNE Signifie "laurier" en grec ancien et son origine remonte à la mythologie grecque, où Daphné était une nymphe transformée en laurier pour échapper aux avances d'Apollon.
DAHLIA Signifie "fleur" et trouve son origine dans le nom de la plante éponyme, qui a été nommée en hommage au botaniste suédois Anders Dahl.
DAÏNA Signifie "pure" ou "la petite fille des vagues" et trouve son origine dans la culture polynésienne.
DALIA Signifie "fleur" en espagnol et trouve son origine dans la langue lituanienne où il désigne la déesse de la fertilité.
DALILA D'origine arabe signifiant "délicate" ou "douce", souvent associé à la séduction en référence au personnage biblique de Dalila dans l'histoire de Samson et Dalila.
DALYA Signifie "belle fleur" en hébreu et est d'origine arabe.
DANIA D'origine arabe et signifie "proche de Dieu" ou "dévouée à Dieu".
DANIELA D'origine hébraïque et signifie "Dieu est mon juge".
DANIELLA D'origine hébraïque et signifie "Dieu est mon juge".
DANIYA D'origine arabe et signifie "proche de Dieu" ou "celle qui est proche de Dieu".
DANYA D'origine hébraïque signifiant "Dieu est mon juge".
DAPHNÉ Signifie "laurier" en grec, et il trouve ses origines dans la mythologie grecque, où Daphné était une nymphe transformée en arbre de laurier pour échapper aux avances d'Apollon.
DAPHNÉE Signifie "laurier" en grec et trouve son origine dans la mythologie grecque avec le personnage de Daphné, une nymphéa poursuivie par Apollon et transformée en arbuste de laurier pour échapper à ses avances.
DARIA Signifie "richesse" ou "qui possède" en persan et en slave. Il est d'origine persane.
DARINE Signifie "possédant la grâce" et est d'origine arabe.
DAYANA Signifie "noble" ou "douce" et provient de l'ancien persan "Dahyânâ" qui
DAYENA D'origine arabe et signifie "celle qui juge avec équité".
DAYNA Signifie "celle qui est généreuse" et a une origine écossaise.
DÉA Signifie "déesse" en latin et il trouve son origine dans la mythologie romaine où il était utilisé pour désigner une divinité féminine.

DEBORAH Signifie "abeille" en hébreu et a des origines bibliques, étant le nom d'une prophétesse dans l'Ancien Testament.

DEFNE Signifie "laurel" en turc et trouve son origine dans la mythologie grecque où c'était le nom d'une nymphe des bois et des lauriers.

DÉLIA Signifie "née le jour" et a une origine grecque.

DÉLYA D'origine arabe et signifie "qui est aimée".

DENISA D'origine roumaine et signifie "celle qui est dévouée à Dieu".

DÉVA Signifie "divin" ou "déité" en sanskrit et trouve ses origines dans la culture indienne.

DIAKHOU MBA Signifie "qui a la bonté, la douceur" et est d'origine sénégalaise.

DIANA Signifie "divine" en latin et trouve son origine dans la mythologie romaine, où Diana était la déesse de la chasse et de la lune.

DIANE Signifie "déesse de la chasse" en latin et il trouve son origine dans la mythologie romaine, où Diane était la déesse de la chasse et de la nature.

DIEYNABA Signifie "celle qui est aimée de Dieu" en Wolof, une langue parlée en Afrique de l'Ouest, et il est d'origine sénégalaise.

DILARA Signifie "belle amoureuse" et trouve son origine dans la langue turque.

DINAH Signifie "juge" en hébreu et il est d'origine biblique.

DIVYA Signifie "divin" en sanskrit et trouve son origine dans la culture indienne.

DJAÏNA Signifie "dieu est miséricordieux" en arabe et trouve son origine dans la culture musulmane.

DJAMILA Signifie "belle" en arabe et a son origine dans la langue arabe.

DJANA D'origine africaine, signifie "beauté" ou "fleur" et est souvent associé à des personnes calmes, sensibles et créatives.

DJAYANNA D'origine américaine, signifie "celle qui apporte la joie" ou "celle qui est pleine de joie".

DJENA D'origine turque et signifie "la vie".

DJENABA Signifie "fille du prophète Mahomet" et trouve son origine dans la culture arabo-musulmane.

DJÉNÉBA D'origine africaine, particulièrement utilisé en Afrique de l'Ouest. Il signifie "fille aînée" ou "première née".

DJENNA Signifie "paradis" en arabe et est d'origine arabo-berbère.

DJENNAH D'origine arabe et signifie "paradis".

DJITA D'origine africaine et signifie "petit trésor" en langue mandingue.

DOHA Signifie "l'aube" en arabe et trouve son origine dans la langue arabe.

DOLORES Signifie "douleurs" en espagnol et trouve son origine dans le culte catholique de Notre-Dame des Douleurs, représentant la Mère de Jésus souffrant lors de la crucifixion.

DOMITILLE Signifie "qui appartient à la famille des Domitius" et a une origine latine.

DONIA D'origine arabe, signifie "monde" ou "vie" et est souvent attribué aux filles.

DORA Signifie "cadeau" en grec et trouve son origine dans le prénom grec Theodora, qui

DOUAA D'origine arabe et signifie "prière" ou "supplication".

DOUNIA Signifie "monde" en arabe et provient du nom de la planète Terre dans la culture musulmane.

DOUNYA Signifie "le monde" en arabe et est d'origine orientale.

DUNE Signifie "dune de sable" et trouve son origine dans la nature et les paysages désertiques.

DYNA Signifie "puissante" et trouve son origine dans les langues scandinaves.

ECATERINA D'origine grecque et signifie "chaste, pure".

EDA Signifie "richesse" en turc et il a une origine turque.

ÉDÈNE Signifie "délice" ou "paradis" et trouve son origine dans les cultures hébraïques et bibliques.

ÉDITH Signifie "richesse et bonheur" et trouve son origine dans la culture germanique.

EDMÉE D'origine germanique et signifie "riche protecteur".

EFLIN Signifie "bonne fée" et provient probablement de la mythologie celtique ou anglo-saxonne.

EFNAN D'origine turque et signifie "jeune pousse" ou "germe".

EILEEN D'origine irlandaise et signifie "rayon de soleil".

ELA Signifie "Dieu est mon serment" et trouve son origine dans l'hébreu biblique.

ELAÏA D'origine basque, signifiant "olivier" en basque.

ELANA Signifie "éclat du soleil" ou "rayon de soleil" et est d'origine hébraïque.

ELÉA Signifie "Dieu est mon serment" et est d'origine hébraïque.

ÉLÉANA D'origine grecque, signifie "la brillante", "la resplendissante".

ELÉANOR D'origine grecque et signifie "rayon de soleil".

ELÉANORE D'origine grecque signifiant "lumière éclatante" ou "flamme brillante".

ELEN D'origine galloise et signifie "éclat du soleil".

ELÉNA Signifie "éclat du soleil" et trouve son origine dans la Grèce antique.

ELENI D'origine grecque qui signifie "lumière" ou "éclat".

ÉLÉONORE D'origine grecque qui signifie "la lumière éclatante" ou "la miséricordieuse".

ÉLIA Signifie "Dieu est mon Dieu" et trouve ses origines dans la langue hébraïque.

ÉLIANA Signifie "mon Dieu répond" en hébreu et provient de la contraction des prénoms Élisabeth et Ana.

ÉLIANE Signifie "Dieu est mon Éternel" et a des origines hébraïques.

ELIF Signifie "première lettre de l'alphabet turc" et trouve son origine en Turquie.

ÉLINA D'origine finlandaise et est dérivé du prénom Hélène. Il signifie "éclat du soleil" ou "belle lumière".

ÉLINE D'origine bretonne et signifie "éclat de soleil".

ÉLISA Signifie "Dieu est plénitude" et il est d'origine hébraïque.

ÉLISABETH Signifie "Dieu est plénitude" et trouve son origine dans les traditions bibliques et hébraïques.

ÉLISE Signifie "Dieu est plénitude" et trouve son origine dans le prénom hébreu Elisheva.

ELISSA Signifie "reine" et il trouve son origine dans la mythologie phénicienne, où il était le nom de la fondatrice de Carthage.

ELIYANA Signifie "Mon Dieu répond" en hébreu et tire son origine de la langue et de la culture juive.

ELIZ Signifie "Dieu est plénitude" et il est d'origine hébraïque.

ELIZA D'origine hébraïque et signifie "Dieu est promesse".

ELIZABETH Signifie "Dieu est plénitude" et trouve son origine dans la Bible, étant le nom de l'épouse de Zacharie et la mère de Jean le Baptiste.

ELLA D'origine germanique qui signifie "noble" ou "lumière".

ELLANA D'origine bretonne et signifie "déesse" ou "rayon de soleil".

ÉLLIE D'origine anglo-saxonne, diminutif d'Éléonore, signifiant "la lumière", "l'éclat" ou "la brillance".

ELOA Signifie "Dieu est mon Dieu" en hébreu et il est d'origine biblique.

ELODIE Signifie "ardeur" ou "ardeur du soleil". Il est d'origine grecque et dérive du prénom Héliodore.

ELOÏSE Signifie "célèbre au combat" et est d'origine incertaine, mais pourrait être dérivé du prénom hébreu Héloïse ou du prénom germanique Helwig.

ELONA D'origine hawaïenne ou albanais et signifie "rayonnement du soleil" ou "joyau brillant".

ELORA Signifie "lumière d'or" et provient du mot celtique "el", qui

ELORRI Signifie "abeille" en basque et est d'origine basque.

ELSA Signifie "noble", "sincère" ou "belle". Il est d'origine germanique et est également associé au personnage de la Reine des Neiges dans le film d'animation Disney.

ELSIE Signifie "Dieu est satisfaction" et il est d'origine hébraïque.
ELVIRE Signifie "étrangère" et trouve son origine dans la langue germanique.
ÉLYA Signifie "la lumière" et il est d'origine hébraïque.
ÉLYANA Signifie "Dieu est mon refuge" et trouve son origine dans les cultures hébraïques et grecques.
ELYANNA Signifie "Dieu a répondu" et est d'origine hébreu.
ÉLYNA D'origine arabe et signifie "clarté" ou "lumière".
ÉLYNE Signifie "brillante, rayonnante" et il est d'origine bretonne.
ELYNN Signifie "celle qui brille" et trouve ses origines dans les prénoms bretons ou celtes.
ELYSSA Signifie "noble" ou "honnête" et il est d'origine phénicienne, dérivé du prénom grec Elysia.
ELZA Signifie "noble" et trouve son origine dans les pays scandinaves.
EMA Signifie "tout entière" en langue grecque et est également une variante du prénom Emma, d'origine allemande.
EMELINE D'origine germanique, dérivé de l'ancien prénom Amala, signifiant "travailleuse" ou "active".
EMI D'origine japonaise et signifie "bénédiction" ou "beauté".
ÉMIE D'origine grecque et signifie "parleuse" ou "celle qui parle bien".
ÉMILIA Signifie "rival" en latin et il est d'origine latine.
EMILIANA Signifie "provenant d'Émilie" et est d'origine italienne.
ÉMILIE Signifie "travail" ou "industrie", et il trouve son origine dans le nom romain Aemilius, lui-même dérivé du latin "aemulus" qui
EMILY D'origine latine, signifie "rival" ou "d'émule".
EMMANUELLA Signifie "Dieu est avec nous" et trouve son origine dans la langue hébraïque.
EMMANUELLE Signifie "Dieu est avec nous" en hébreu et trouve ses origines dans la Bible.
EMMIE Signifie "tout entière" et trouve son origine dans le prénom allemand Emma, lui-même dérivé du prénom germanique Ermelinda.
EMMY Le prénom EMMY est un diminutif anglo-saxon du prénom EMMA, d'origine germanique, qui signifie "celle qui est universelle" ou "grande".
EMNA Signifie "croyante" en arabe et provient de la culture tunisienne.
ÉMY Signifie "rival" en germanique et est dérivé du prénom Émilie.
ENA D'origine hébraïque qui signifie "grâce de Dieu" ou "miséricorde".
ENALYA Enalya est un prénom féminin moderne d'origine américaine, sans signification précise.
ENAYA D'origine arabe, signifiant "soin" ou "attention" et symbolisant la dévotion et la bienveillance.
ÉNÉA D'origine grecque qui signifie "celui qui est né prématurément" et qui est notamment porté en Corse.
ÉNOLA Enola est un prénom féminin d'origine celtique, signifiant "unique" ou "solitaire".
ÉNORA Signifie "honorée" ou "celle qui est honorée" en breton, et il est d'origine celtique.
ERELL D'origine bretonne et signifie "étoile" ou "éclair".
ERIKA Signifie "règne éternel" et a des origines germaniques.
ERINA Le prénom ERINA peut signifier "pacifique" et a des origines grecques.
ÉRINE Signifie "paix" et tire son origine du terme grec "eiréné", qui a également donné naissance au prénom Irène.
ERNESTINE Signifie "sincère" et a une origine germanique.
ESILA Signifie "facile à aimer" et trouve son origine dans la langue turque.
ESMA D'origine arabe, signifie "protégée par Dieu".
ESMÉE Signifie "aimée" en ancien français et provient du latin "Aismetus", lui-même dérivé du grec "Aismetos" qui
ESMERALDA Signifie "émeraude" en espagnol et il trouve son origine dans la langue portugaise.
ESRA D'origine turque et signifie "voyageur".

ESRAA D'origine arabe et signifie "celle qui se rapproche de Dieu".

ESSIA Signifie "Dieu est ma sauvegarde" et trouve son origine dans la langue hébraïque.

ESTELLE Signifie "étoile" en latin et provient du prénom Stella.

ESTER Signifie "étoile" en hébreu et trouve son origine dans la Bible.

ESTERA Signifie "étoile" en hébreu et est d'origine biblique, faisant référence à la reine Esther du livre de l'Ancien Testament.

ETHEL Signifie "noble" ou "noble combattante" en vieil anglais et il tire ses origines des prénoms anglo-saxons.

EUNICE Signifie "victorieuse" en grec et son origine remonte à l'Antiquité.

ÉVA Signifie "vie" et trouve son origine dans la Bible, étant une variante féminine du prénom hébreu Adam, qui

EVANA D'origine hébraïque et signifie "Dieu est miséricordieux".

ÈVE Signifie "vie" et trouve son origine dans le récit biblique d'Adam et Ève, où Ève est décrite comme la première femme et la mère de l'humanité.

EVELINA D'origine latine et signifie "belle oiseau".

EVELYNE Signifie "belle et agréable" et trouve son origine dans le prénom allemand "Evelyn".

EVIE Le prénom EVIE est un diminutif du prénom anglais Evelyn, d'origine germanique, qui signifie "vie".

ÉVY D'origine bretonne signifiant "vivant" ou "celui qui est plein de vie".

EYA D'origine arabe et signifie "vie" ou "celle qui est pleine de vie".

EYDEL D'origine yiddish et signifie "noble" ou "noble personne".

EYLEEN Signifie "rayon de soleil" et est d'origine irlandaise.

EYNA Signifie "amie précieuse" en arabe et trouve son origine dans la culture musulmane.

FADIMA Le prénom Fadima vient de l'arabe et signifie "celle qui est digne de confiance".

FAÏDA D'origine arabe et signifie "profit", "bénéfice" ou "avantage".

FAÏKA D'origine arabe et signifie "réfléchie" ou "intelligente".

FAILA Signifie "lumière" en arabe et trouve son origine dans la culture arabe.

FAÏNA Signifie "lumineuse" en grec. Il est également d'origine russe et peut être utilisé comme diminutif du prénom Stéphania.

FAIROUZE Signifie "turquoise" en arabe et est d'origine orientale.

FAITH Signifie "foi" en anglais et son origine est biblique, dérivant du mot latin "fides".

FAÏZA Signifie "victorieuse" en arabe et trouve son origine dans la culture musulmane.

FALLONE D'origine italienne et signifie "floraison" ou "fleur qui s'épanouit".

FAMA Signifie "haute estime" ou "grande renommée" en langue bambara et il est d'origine africaine.

FANIA Signifie "couronnée de gloire" en hébreu et il est d'origine hébraïque.

FANNY D'origine française et signifie "couronne" ou "couronnée".

FANTA Signifie "beauté" en mandingue et trouve son origine en Afrique de l'Ouest.

FANTINE Signifie "petite enfant" et vient du prénom français Fantin. Il est également connu grâce au personnage éponyme du roman "Les Misérables" de Victor Hugo.

FAOUZIA Signifie "victorieuse" et trouve son origine dans la culture arabe.

FARNA Signifie "joyau" en persan et il est d'origine iranienne.

FATIHA Signifie "ouverture" en arabe et il est dérivé du mot "fath" qui

FATIM Signifie "la femme éloquente" en arabe et trouve son origine dans l'islam, en référence à la fille du prophète Mohammed.

FATIMA Signifie "la charmante" et avait été donné à la fille préférée du prophète Mahomet dans la religion musulmane. Son origine remonte donc à l'époque islamique.

FATIMA-ZAHRA D'origine arabe et signifie "fille resplendissante" ou "fille lumineuse".

FATIMAH Signifie "une femme éloquente" et trouve son origine dans la culture musulmane, en référence à Fatimah, la fille du prophète Mahomet.

FATIMATA	Signifie "celle qui éloigne la détresse" et il a des origines africaines.
FATIMATOU	D'origine arabe et signifie "la fille de Fatima", faisant référence à Fatima, la fille du prophète Mohammed dans la tradition musulmane.
FATMA	Signifie "jeune femme accomplie" en arabe et il a une origine arabe.
FATOU	Signifie "femme qui donne" en wolof et est d'origine sénégalaise.
FATOUMA	Signifie "la femme qui conserve" en arabe et il est d'origine africaine.
FATOUMATA	Signifie "femme respectée" en langue mandingue et trouve son origine en Afrique de l'Ouest, principalement en Guinée et au Mali.
FATY	D'origine arabe et signifie "celle qui est protégée par Dieu".
FATYMA	Signifie "elle qui s'abstient" en arabe et il est d'origine musulmane.
FAUSTINE	Signifie "heureuse" ou "favorisée par la fortune" et il a des origines latines.
FAYNA	Signifie "féerique" et trouve son origine dans la langue espagnole.
FAZLA	Signifie "abondance" ou "excès" en langue arabe et trouve son origine dans la culture musulmane.
FÉLICIA	Le prénom "Félicia" provient du latin "felix" qui signifie "heureux" ou "chanceux", et signifie donc "celle qui apporte le bonheur" ou "celle qui est chanceuse".
FÉLICIE	Signifie "heureuse" ou "celle qui apporte le bonheur" et provient du latin "felix" qui
FÉLICITÉ	Signifie "bonheur" en latin et trouve son origine dans la tradition chrétienne, étant associé à la vertu de la félicité et à la béatitude.
FÉRIEL	D'origine arabe, signifie "douceur" ou "charme".
FERYEL	Signifie "joyau" ou "précieux" en arabe et trouve son origine dans la culture musulmane.
FIONA	D'origine gaélique, signifie "juste" ou "blanche" et est souvent associé à la légendaire héroïne irlandaise Fiona.
FIRDAOUS	Signifie "paradis" en arabe et tire son origine de la mythologie arabe où il désigne le plus haut niveau du paradis.
FIRDAWS	D'origine arabe qui signifie "paradis".
FLAVIE	Signifie "dorée" ou "de couleur blonde" et est dérivé du prénom latin Flavia. Il est souvent associé à la beauté et à la féminité.
FLEUR	Signifie "fleur" en français et il a une origine française.
FLORINE	Signifie "fleur" et a une origine latine.
FOUNÉ	Signifie "béni" en langage bambara et trouve son origine en Afrique de l'Ouest.
FRANCESCA	Signifie "femme libre" et a des origines italiennes.
FRANCESCA-MARIA	Signifie "la grâce et la pureté" et est d'origine italienne.
FREYA	Signifie "dame" en norrois et est d'origine scandinave, étant le nom d'une déesse de l'amour et de la beauté dans la mythologie nordique.
FREYJA	Signifie "dame" en vieux norrois et provient de la mythologie nordique où Freyja est la déesse de l'amour, de la beauté et de la fertilité.
FRIDA	Signifie "paix" en allemand et trouve son origine dans la culture germanique.
GABIE	D'origine hébraïque qui signifie "la force de Dieu".
GABRIELA	Signifie "Force de Dieu" et est d'origine hébraïque.
GABRIELLA	Signifie "Dieu est ma force" et il trouve son origine dans le prénom masculin Gabriel, tiré de l'hébreu "Gavri'el".
GAËLLE	D'origine bretonne et signifie "princesse généreuse".
GEMMA	Signifie "joyau" en latin et trouve son origine en Italie.
GENNA	Signifie "paradis" en suédois et il est d'origine italienne.
GEORGIA	Signifie "agricultrice" en grec et trouve son origine dans le prénom masculin George, qui
GHALIA	Signifie "beauté" en arabe et trouve son origine dans la culture musulmane.
GHJULIA	Variante corse du prénom Julia, d'origine latine, signifiant "jeune, douceur".
GHJULIANA	Le prénom Ghjuliana est un prénom féminin d'origine corse qui dérive du prénom Juliana et signifie "appartenant à Jules".

GHJUVANNA GHJUVANNA est un prénom corse d'origine italienne, dérivé du prénom Giovanna, qui signifie "Dieu fait grâce" en italien.

GIADA D'origine italienne, signifie "jade" et fait référence à une pierre précieuse.

GIANNA Signifie "grâce de Dieu" et a des origines italiennes.

GIFT Signifie "cadeau" en anglais et est souvent associé à la notion de don ou de bénédiction. Il est d'origine anglaise.

GINA D'origine italienne et signifie "la jeune fille", "la femme pure".

GINEVRA Signifie "blanche comme la neige" et il a une origine italienne.

GIOIA Signifie "joie" en italien et trouve son origine dans la langue latine.

GIORGIA D'origine italienne et signifie "travailleur de la terre" ou "agriculteur".

GIOVANNA Signifie "Dieu est miséricordieux" et trouve son origine en Italie.

GIULIA D'origine italienne et signifie "jeunesse" ou "jeune fille".

GIULIANA Signifie "jeune" ou "jeune femme" et trouve son origine en Italie, dérivé du prénom Giulia, lui-même dérivé du prénom Julius, d'origine latine.

GIULYA D'origine italienne et signifie "jeune".

GIUSEPPA Le prénom Giuseppa est une variation féminine italienne du prénom Joseph, qui signifie "Dieu ajoutera" en hébreu.

GLADYS D'origine galloise qui signifie "princesse" ou "royale".

GLORIA Signifie "gloire" en latin et trouve son origine dans la tradition chrétienne.

GOLDA Signifie "dorée" en hébreu et provient du mot "zahav" qui désigne l'or dans cette langue.

GOUNDO Signifie "naissance joyeuse" en langue peule et trouve son origine en Afrique de l'Ouest.

GOUNDOBA Signifie "celui qui apporte la paix" et est d'origine peule en Afrique de l'Ouest.

GRÂCE Le prénom GRÂCE désigne une personne gracieuse et bienveillante ; il trouve son origine dans le latin "gratia" signifiant "grâce" ou "charme".

GUILLEMETTE Signifie "fille volontaire" et a une origine germanique.

GWENAËLLE Signifie "bénie et généreuse" et est d'origine celte.

GWLADYS D'origine galloise et signifie "princesse."

HABIBA Signifie "chérie" ou "bien-aimée" en arabe. Son origine remonte à la culture arabe et islamique.

HABY Signifie "celle qui est aimée" et trouve son origine en Afrique de l'Ouest.

HACHIMIA Signifie "la généreuse" en arabe et est d'origine arabe.

HADASSA Signifie "myrte" en hébreu et il tire son origine du livre biblique d'Esther, où le personnage principal porte ce prénom.

HADIDJA Signifie "la louange" en arabe et trouve son origine dans la tradition musulmane.

HADJA D'origine arabe et signifie "pèlerine" ou "celle qui a effectué le pèlerinage à La Mecque".

HADJIRA D'origine arabe qui signifie "qui fait le pèlerinage à la Mecque" ou "pèlerine".

HAFSA D'origine arabe et signifie "lionne" ou "gardienne".

HAÏLY Haïly est un prénom mixte d'origine arabe qui signifie "le bien-aimé" ou "celui qui est aimé de Dieu".

HAIZEA Signifie "vent" en basque et tire son origine de cette langue parlée dans les régions du Pays basque en France et en Espagne.

HAJAR Signifie "rocher" en arabe et trouve son origine dans l'histoire biblique de la servante éthiopienne d'Abraham et mère d'Ismaël.

HALEY Signifie "héros" ou "champion" et trouve son origine dans le nom de famille anglais "Hailey", qui

HALIMA D'origine arabe et signifie "clémente" ou "miséricordieuse".

HALIMATOU Signifie "bienfaiteuse" en haoussa et est d'origine africaine.

HANA D'origine arabe et signifie "félicité" ou "bonheur".

HANAA Signifie "beauté" en arabe et trouve son origine dans la culture arabe.

HANAÉ Signifie "fleur" en japonais et trouve son origine dans la culture japonaise.

HANANE Signifie "compassion" ou "tendresse" en arabe, et il est d'origine arabe.

HANEÏA D'origine arabe et signifie "qui montre le bon chemin, qui guide".

HANEYA Signifie "heureuse" en arabe et il est d'origine arabe.

HANIA D'origine arabe et signifie "bonheur" ou "joie".

HANIYA Signifie "contente" ou "joyeuse" en arabe, et trouve son origine dans la culture arabe.

HANNA D'origine hébraïque qui signifie "grâce" ou "favorisée par Dieu".

HANNAH Signifie "gracieuse" et trouve son origine dans l'hébreu biblique, il est notamment porté par la mère du prophète Samuel.

HANYA Signifie "gracieuse" et a une origine arabe.

HARMONIE Signifie "concorde" ou "équilibre" et trouve ses origines dans la mythologie grecque, où Harmonie était la déesse de l'harmonie et de la paix.

HASNA Signifie "beauté" ou "belle" en arabe et a une origine arabe.

HATOUMA D'origine arabe, signifie "celle qui est aimée par tous" ou "celle qui est appréciée de tous".

HAVA Signifie "la vie" en hébreu et il est d'origine biblique.

HAVVA D'origine turque et signifie "Ève" en référence au personnage biblique.

HAWA Signifie "la vie" en swahili et trouve son origine dans plusieurs cultures africaines.

HAYA Signifie "celle qui vit" en arabe et trouve son origine dans la culture arabe et hébraïque.

HAYAT Signifie "vie" en arabe et trouve son origine dans la culture musulmane.

HAYDÉE Signifie "bonne pour les chevaux" et est d'origine arabe.

HAYLIE Signifie "l'héroïne" ou "celle qui est pleine de vie" et trouve son origine dans la langue anglaise.

HAZAL D'origine turque et signifie "noisetier" en référence à l'arbre portant des noisettes.

HEDDA D'origine scandinave qui signifie "combat" ou "guerre".

HEGOA Signifie "ciel" en basque et trouve son origine dans la culture basque.

HÉLÉNA D'origine grecque qui signifie "la brillante" ou "l'éclat du soleil".

HÉLIA Signifie "soleil" en grec et il trouve son origine dans la mythologie grecque avec la déesse Hélios, personnification du soleil.

HÉLOÏSE Signifie "combat", il a une origine germanique.

HENDA D'origine arabe, signifie "belle" ou "gracieuse".

HERMINE D'origine germanique et signifie "la puissante".

HERMIONE Signifie "messagère", il trouve son origine dans la mythologie grecque, étant le nom d'une célèbre princesse.

HIBA Signifie en arabe "cadeau" ou "don de Dieu" et

HICHIMA D'origine marocaine qui signifie "le sentiment d'amour et de tendresse".

HICHMA D'origine arabe et signifie "sagesse" ou "intelligence".

HIDAYA Signifie "guide" ou "éclairage" en arabe et est d'origine musulmane.

HIKMA Signifie "sagesse" en arabe et est d'origine arabe.

HILDA Signifie "bataille" et trouve ses origines dans les pays nordiques.

HILMA D'origine germanique, signifiant "protectrice des casques".

HILONA Le prénom HILONA n'a pas de signification connue ni d'origine établie puisqu'il est extrêmement rare et peu répertorié.

HILYANA Signifie "douce" ou "gracieuse" et trouve son origine dans la langue bulgare.

HINA Signifie "soleil" en polynésien et est d'origine tahitienne.

HINATA Signifie "au soleil" en japonais et il est généralement donné aux personnes de sexe féminin. Il est également très connu grâce au personnage du manga et anime "Naruto".

HINAYA Signifie "qui est attentive" en arabe et peut aussi avoir une origine hindoue qui

HIND Signifie "cerf" en arabe, et il est d'origine arabe également.

HIRA Signifie "diamant" en arabe. Son origine vient du mot arabe "hīrā" qui désigne un joyau précieux et brillant.

HIZIA Signifie "vie" ou "qui donne la vie" en arabe et trouve son origine dans la culture musulmane.

HIZIYA D'origine amazighe qui signifie "la douceur" ou "la tendresse".
HOSANNA Signifie "Sauve, je t'en prie" en hébreu et son origine remonte à la tradition biblique, faisant référence à l'acclamation envers Jésus lors de son entrée à Jérusalem.
HOURIA Signifie "libre" ou "liberté" et est d'origine arabe.
HOUSNA Signifie "beauté" en arabe et trouve son origine dans le monde musulman.
HOUSNATI D'origine arabe et signifie "ma belle".
IBTISSAM Signifie "sourire" en arabe et trouve son origine dans la culture musulmane.
IBTISSEM D'origine arabe, signifie "sourire" ou "épanouissement".
IDOIA D'origine basque et signifie "la référence de la Vierge Marie".
IKRA Signifie "lecture" en arabe et est d'origine musulmane.
ILANA D'origine hébraïque qui signifie "arbre" ou "chêne", symbolisant la force et la stabilité.
ILAYA Signifie "déesse de la beauté" et trouve son origine dans la culture hindoue.
ILEANA Signifie "lumière éclatante" en grec et trouve son origine dans la langue roumaine.
ILEF Signifie "lumière" en arabe et trouve son origine dans la culture berbère.
ILHEM Signifie "inspiration" en arabe et trouve son origine dans la culture musulmane.
ILIANA Signifie "fille du Soleil" et a des origines grecques.
ILINA D'origine slave et signifie "clair de lune".
ILINCA D'origine roumaine et signifie "victorieuse du peuple".
ILINE Signifie "qui brille" et trouve son origine dans la langue lituanienne.
ILMA Signifie "air" en finnois et est d'origine scandinave.
ILONA Signifie "belle lumière" en hongrois et provient du nom de la déesse grecque Hélène.
ILY Le prénom Ily est une version abrégée du prénom masculin Ilyas, d'origine arabe, qui signifie "Dieu est mon seigneur".
ILYANA Signifie "rayon de soleil" et est d'origine hébraïque.
ILYANAH Signifie "fleur" en hébreu et a une origine hébraïque.
ILYANNA D'origine russe ou hébraïque et signifie "Dieu répondu" ou "grâce de Dieu".
ILYNE D'origine hébraïque et signifie "don de Dieu".
IMA Signifie "mère" en hébreu et trouve son origine dans la Bible.
IMEN Signifie "foi" en arabe et est généralement donné aux filles d'origine musulmane.
IMÈNE Signifie "la foi" en arabe et a pour origine le monde musulman.
IMNA Signifie "tranquillité" en hébreu et il est d'origine biblique.
INA Signifie "pure" et a des origines germaniques.
INAAYA Signifie "soins" en arabe et il est d'origine musulmane.
INAHYA D'origine arabe et signifie "celle qui guide, qui conduit".
INAÏA Signifie "rayon de lune" en tchétchène, une langue et un peuple du Caucase.
INARA Signifie "rayon de soleil" ou "illumination" en arabe et est principalement utilisé dans les pays arabes.
INAYAH D'origine arabe qui signifie "protection" ou "refuge" et est souvent donné en référence à la protection divine.
INDIA Signifie "Inde" et trouve son origine dans le nom du pays situé en Asie du Sud.
INDIRA Signifie "beauté" et connaît ses origines en Inde.
INÉS Signifie "pure" ou "chaste" en espagnol et trouve son origine dans le prénom Agnès, d'origine grecque et porté par une martyre chrétienne du IIIe siècle.
INESSE Signifie "chaste" en latin et est d'origine grecque.
INNA D'origine russe et signifie "pure" ou "chaste".
INSAF Signifie "justice" en arabe et trouve son origine dans la culture musulmane.
INTZA D'origine basque, qui signifie "épine de houx".
IRINA Signifie "paix" en grec et il est d'origine russe.
IRNA D'origine persane qui signifie "chérie" ou "aimée".
IRYS Signifie "arc-en-ciel" en grec et il est d'origine grecque.
ISABELLA Signifie "consécration à Dieu" et a des origines hébraïques, italiennes et espagnoles.

ISADORA Signifie "don d'Isis" en grec, et il a une origine grecque et égyptienne.
ISALYS Signifie "belle sirène" et est d'origine grecque.
ISAURE D'origine occitane et signifie "dorée", faisant référence à la couleur dorée des cheveux ou de la peau.
ISÉE Le prénom Isée vient du grec ancien "Isaios", qui signifie "issu d'Isée" et fait référence à la ville d'Isée en Grèce. Il est également associé à la mythologie grecque où Isée était un héros et un ami d'Héraclès.
ISIA Signifie "Dieu sauve" et trouve son origine dans le prénom hébreu Yeshaya, qui
ISIS D'origine égyptienne et signifie "trône" ou "princesse". Cependant, en raison de l'association négative avec le groupe terroriste "État islamique", ce prénom est devenu moins courant.
ISMÉRIE Signifie "célèbre" ou "illustre" et il a une origine grecque.
ISNA D'origine arabe qui signifie "celle qui est protégée, paisible".
ISRA D'origine hébraïque et signifie "princesse".
ISRÂA Signifie "nocturne" en arabe et est d'origine musulmane.
ISRAE Signifie "Dieu persiste" ou "Dieu a combattu" et il a une origine hébraïque.
ISSRA Signifie "voyage nocturne" en arabe, et il est principalement donné en référence à l'Ascension nocturne du prophète Mohammed selon la tradition islamique.
IVANA D'origine slave qui signifie "Dieu est miséricordieux" ou "don de Dieu".
IVANNA D'origine russe et est dérivé du prénom Ivan, signifiant "Dieu est miséricordieux" ou "grâce de Dieu".
IZÏA Signifie "la force" en hébreu et il est d'origine biblique.
IZYA Signifie "Dieu est ma protection" ou "Dieu regarde" et a une origine hébraïque.
IZZA D'origine arabe et signifie "honorée" ou "glorieuse".
JADA Signifie "la chanceuse" ou "la généreuse" et a une origine arabe.
JAËLLE D'origine hébraïque et signifie "louange à Dieu" ou "Dieu est exalté".
JAHIA Signifie "Dieu est ma joie" et trouve son origine dans l'hébreu.
JAHYA Signifie "vif, plein de vie" et il a probablement des origines arabes.
JAÏNA D'origine hindi et signifie "sagesse" ou "savante".
JAMILA Signifie "belle" ou "élégante" et trouve son origine dans la langue arabe.
JANA Signifie "Dieu fait grâce" et est d'origine slovène ou tchèque.
JANAH Signifie "paradis" et trouve son origine dans plusieurs cultures, notamment arabe, hébraïque et anglaise.
JANAYA D'origine américaine, signifie "Dieu est miséricordieux" ou "Dieu a répondu".
JANE Signifie "Dieu fait grâce" ou "Dieu est miséricordieux" et provient de l'hébreu "Yahveh has favored".
JANELLE D'origine française et signifie "Dieu est miséricordieux" ou "Dieu a fait grâce".
JANNA D'origine hébraïque, signifie "Dieu est miséricordieux" ou "Dieu a été gracieux".
JANNAH D'origine arabe, signifie "paradis" ou "jardin céleste".
JANNAT Signifie "paradis" en arabe et est d'origine musulmane.
JASMINE Signifie "fleur blanche et parfumée" et provient de la langue arabe.
JAYLA Signifie "potentiel" et trouve ses origines dans la langue arabe.
JEMIMA Signifie "colombe" et trouve son origine dans la Bible, où il est porté par une des filles de Job.
JENA Signifie "paradis" et il a des origines slaves.
JENAYA Signifie "divine" en langage swahili et trouve son origine en Afrique de l'Est.
JENNA Le prénom Jenna est un dérivé de Jennifer d'origine galloise, signifiant "blanche et douce" ou "femme blanche aux lèvres douces".
JENNAH D'origine arabe et signifie "jardin du paradis".
JENNIFER Signifie "la blanche" et a une origine basque.

JESSICA Signifie "richesse" ou "Dieu pourvoira" et trouve ses origines dans la Bible.

JIHANE Signifie "paradis" en arabe et est d'origine marocaine.

JIHENE D'origine arabe, signifie "paradis, jardin céleste" et symbolise beauté et sérénité.

JINANE D'origine arabe et signifie "jardin paradisiaque" ou "paradis".

JINENE D'origine arabe et signifie "jardin paradisiaque".

JOANA D'origine hébraïque et signifie "Dieu est miséricordieux".

JOANNA Signifie "Dieu fait grâce" en hébreu et trouve son origine dans la version féminine du prénom Jean, issu de l'hébreu Yohanan.

JODIE Signifie "Dieu augmentera" et a une origine biblique.

JOHANNA Signifie "Dieu fait grâce" et a des origines hébraïques et allemandes.

JOÏA Signifie "joie" en hébreu et tire son origine de la culture juive.

JOSÉPHINE D'origine hébraïque et signifie "Dieu ajoutera".

JOUDIA Signifie "la générosité" en arabe et il peut également faire référence à la "bonté" et à "l'abondance". Son origine remonte à la civilisation arabe et il est principalement attribué aux filles.

JOULIA Le prénom JOULIA est un dérivé féminin du prénom Julia, d'origine latine, qui signifie "jeune, vigoureuse, pleine de vitalité".

JOUMANA D'origine arabe qui signifie "perle" ou "précieuse".

JOURY D'origine arabe et signifie "lumière", symbolisant la clarté et la brillance.

JOYA Signifie "joyau" en espagnol et trouve son origine dans la langue latine.

JUANA Signifie "Dieu est miséricordieux" et a une origine espagnole.

JUDITH Signifie "la femme qui loue Dieu" et il est d'origine hébraïque.

JULIA Signifie "jeunesse" et provient du prénom romain Julius, qui était porté par de nombreux empereurs romains.

JULIANA Signifie "jeune" ou "juillet" en latin et il dérive du prénom Julia, d'origine romaine.

JULIANNA Signifie "jeune" ou "reine de la jeunesse" et trouve son origine dans la version féminine du prénom latin "Julianus", dérivé de "Julius", qui était un prénom romain porté par plusieurs membres de la famille impériale julienne.

JULIETTE Signifie "jeunesse douce" en latin et est dérivé du prénom romain Julius.

JULINE Signifie "jeune, enfant du ciel" et est d'origine latine.

JULYA Variante du prénom JULIE, d'origine latine, signifiant "jeunesse" ou "juvénile".

JUMANA Le prénom Jumana a une signification incertaine mais il est d'origine arabe et peut faire référence à la colombe ou à une personne au coeur léger.

JUNON Signifie "déesse romaine du mariage et de la maternité" et son origine remonte à la mythologie romaine.

JUSTINA Signifie "juste" ou "loyale" et a des origines latines.

JUWAYRIA Signifie "joyeuse" ou "pleine de vie" et a une origine arabe.

JUWAYRIYA Signifie "belle et gracieuse" en arabe et est d'origine islamique.

KADIA Signifie "bébé" en guinéen et provient également du mandingue, une langue parlée dans plusieurs pays d'Afrique de l'Ouest.

KADIATOU Signifie "celle qui apporte la paix" et est d'origine africaine, notamment d'origine peule.

KADIDIA Signifie "la bien-aimée" en arabe et il est d'origine africaine.

KADIDIATOU Le prénom KADIDIATOU a une origine africaine et signifie "celle qui naît le matin" en langue peule.

KADIDJA Signifie "précoce" ou "précieuse" et a une origine arabe.

KADIJA Signifie "précoce" en arabe et il est d'origine arabe.

KADY Le prénom Kady est un prénom féminin d'origine arabe signifiant "toquée de Dieu" ou "aimée de Dieu".

KAËLYS D'origine française et signifie "pureté" ou "clarté".

KAGNY D'origine africaine et signifie "première née" ou "l'aînée".

KAHINA Signifie "reine" en berbère et il est d'origine nord-africaine, notamment associé à la résistance de la reine berbère Kahina contre l'invasion arabe au 7e siècle.

KAÏLA Signifie "couronne" en hébreu et provient également du prénom "Kayla" en anglais, signifiant "pure" ou "belle".

KAÏLY D'origine anglo-saxonne qui signifie "pure" ou "chaste".

KAÏNA Signifie "qui gouverne et dirige" et trouve son origine dans la langue amérindienne Hopi.

KAÏRA Signifie en arabe "noble", "digne" ou "respectée" et trouve son origine dans la culture arabe.

KAÏSSY D'origine tahitienne qui signifie "la délicate fleur des îles".

KALIE D'origine grecque et signifie "belle".

KALYANI Signifie "belle", "prospère" ou "féminine" en sanskrit et trouve son origine dans la culture indienne.

KALYSSA Signifie "pure" et "harmonieuse" et est d'origine grecque.

KAMÉLIA Signifie "perfection" et a des origines arabes et persanes.

KAMÉLYA Signifie "perfection" en arabe et il est d'origine arabe.

KAMILA Signifie "parfaite" ou "accomplie" et a des origines arabes.

KAMILAH Signifie "parfaite" en arabe et est d'origine musulmane.

KAMILIA D'origine arabe, signifie "parfaite" ou "parfaite beauté".

KAMILLA Signifie "parfait" en grec et tire ses origines du prénom latin Camillus.

KAMILYA Signifie "parfait" ou "parfaite" en arabe. Il a des origines arabes et est souvent donné aux filles en référence à leur beauté et à leur grâce.

KAMYLA D'origine arabe et signifie "généreux" ou "généreuse".

KARIMA Signifie "généreuse" et il est d'origine arabe.

KARLA D'origine allemande et signifie "forte" ou "femme guerrière".

KASSANDRA D'origine grecque et sa signification est "celle qui inspire les hommes".

KATALÉYA D'origine yiddish qui signifie "pure" ou "chaste".

KATALINA Signifie "la pure" et provient de l'espagnol.

KATALYA D'origine russe et signifie "pure" ou "chaste".

KATALYNA D'origine grecque qui signifie "pure".

KATARINA D'origine slave, dérivé de Catherine, qui signifie "pure" ou "chaste".

KATELL Signifie "pure" en breton et il est d'origine celtique.

KAWTAR Le prénom KAWTAR vient de l'arabe et signifie "abondance" ou "rivière du Paradis".

KAWTHAR Signifie "abondance" en arabe et est d'origine musulmane.

KAYCEE Variante féminine du prénom masculin Casey, d'origine irlandaise, qui signifie "vigilance" ou "vigilant".

KAYLA D'origine américaine et signifie "qui est belle".

KAYLEE D'origine gaélique et signifie "fille pacifique".

KAYLEEN Signifie "pure" et est une variante anglicisée du prénom irlandais Caoilfhionn.

KAYLIE D'origine américaine et signifie "couronne de laurier" ou "belles vagues".

KAYLINE Signifie "pur" ou "clair" et trouve son origine dans les prénoms anglais et bretons.

KAYNA Signifie "aimée" en hébreu et il est d'origine arabe.

KAYSSIE Variante du prénom Cassie, d'origine grecque, qui signifie "pure" ou "sauvage".

KEHLANI Signifie "océan" et il est d'origine hawaiienne.

KEÏCY D'origine américaine et signifie "celle qui apporte joie et bonheur".

KEÏLA D'origine hébraïque qui signifie "couronne" ou "reposée sur Dieu".

KEÏSHA Signifie "fleur de la vie" en swahili et trouve ses origines en Afrique de l'Est.

KEÏSSY D'origine américaine et signifie "qui apporte de la joie".

KÉLIA D'origine hawaïenne et signifie "ciel du paradis".

KELSY D'origine américaine et signifie "victorieux".

KÉLYA D'origine arabe et signifie "qui a une belle voix".

KÉLYAH Signifie "pure" et il a une origine qui mélange les cultures africaines et arabes.

KÉLYANA	Signifie "belle fleur" en hawaïen et il est d'origine hawaïenne.
KÉLYANNA	Signifie "pure beauté" et est d'origine française et bretonne.
KENAYAH	D'origine arabe et signifie "délicat" ou "beau".
KENDRA	Signifie "chef de clan" ou "princesse" et trouve son origine dans la culture gaélique.
KENIA	Kénia est un prénom féminin d'origine swahilie signifiant "belle montagne" ou "montagne de l'oiseau".
KENZA	Signifie "trésor" en arabe et il tire son origine de la culture nord-africaine.
KETSIA	Le prénom Ketsia est un prénom féminin d'origine hébraïque qui signifie "parfum" ou "arôme".
KEYLA	D'origine anglaise et signifie "couronne de la victoire".
KEYLAH	Signifie "la couronne" en hébreu et il est d'origine hébraïque.
KEYLIA	D'origine anglaise et signifie "belle prairie".
KEYNA	Signifie "belle" en irlandais et trouve son origine dans la culture celte.
KEYRA	Signifie "petite reine" et il a des origines incertaines, mais il est souvent associé à l'Amérique latine.
KEYSHA	Signifie "femme courageuse" et a une origine américaine.
KEYSSI	Signifie "paix" et a une origine inconnue.
KEYSSIA	D'origine américaine et signifie "fille bénie" ou "grâce de Dieu".
KHADIDIA	Signifie "prédestinée" en arabe et est d'origine musulmane.
KHADIDI ATOU	Signifie "celle qui est aimée et chérie" et trouve son origine dans la culture mandingue en Afrique de l'Ouest.
KHADIDJA	Signifie "précoce, rapide" en arabe et il est d'origine arabe.
KHADIJA	Signifie "précoce" ou "précoce et avancée" en arabe. Il est d'origine arabe et est souvent associé à Khadija bint Khuwaylid, la première épouse du prophète Mahomet.
KHADIJAH	Signifie "précoce" ou "naissance prématurée" en arabe. Il trouve son origine dans l'histoire de Khadijah bint Khuwaylid, première épouse du prophète Mahomet.
KHADY	D'origine arabe et signifie "femme noble" ou "femme généreuse".
KHALISSA	Signifie "pure" et a une origine arabe.
KHALISSI	D'origine arabe et signifie "la pure, l'intègre".
KHALYSSA	D'origine grecque, qui signifie "belle princesse" ou "femme noble".
KHEÏRA	Signifie "la généreuse" et a une origine arabe.
KHEYRA	Signifie "bienfait" en arabe et est d'origine arabe.
KHOUDIEDJI	D'origine africaine, plus précisément du peuple haoussa, qui signifie "celui qui ne s'en plaint pas".
KIANA	Signifie "ancienne" en hawaïen et trouve son origine dans la culture polynésienne.
KÏARA	Signifie "clair, lumineux" et a des origines italiennes.
KIMBERLEY	Signifie "bois de Cyneburga" et trouve son origine dans la culture anglo-saxonne.
KIMBERLY	Signifie "chef de guerre" et est d'origine anglo-saxonne.
KIMYA	Signifie "précieuse" en persan et trouve son origine dans la culture iranienne.
KINAYA	D'origine africaine qui signifie "celle qui est belle".
KLARA	D'origine latine et signifie "claire, lumineuse".
KLERVI	Signifie "gloire" en breton et trouve son origine dans la langue celtique.
KLERVIE	D'origine bretonne et signifie "béni/protégé par le clair".
KLOÉ	D'origine grecque et signifie "verdure".
KOROTOUM	D'origine africaine qui signifie "celle qui est bénie" ou "celle qui est comblée".
KOROTOU MOU	D'origine africaine, et il signifie "celle qui rend heureux" ou "celle qui apporte joie et bonheur" en langue bambara.
KOUDJEDJI	D'origine africaine et fait référence à une personne courageuse et audacieuse.
KOUMBA	Signifie "la tortue" en mandingue et il est d'origine africaine.

KRISTINA Signifie "disciple du Christ" et trouve ses origines dans les pays scandinaves et slaves.

KRYSTAL D'origine grecque signifiant "cristal" et évoquant la pureté et la transparence.

KYARA Signifie "clair, lumineux" et trouve son origine dans la culture japonaise.

KYLIE Signifie "boomerang" en australien et provient de la culture aborigène.

KYMIA Signifie "brillante comme l'or" et a des origines persanes.

KYRA Signifie "seigneur" en perse et il a des origines russes et grecques.

LAËTITIA D'origine latine qui signifie "joie" ou "plaisir".

LAHNA D'origine arabe et signifie "paix" ou "sérénité".

LAÏA D'origine arabe qui signifie "nuit étoilée".

LAIDA Signifie "paix" en basque et il est d'origine basque.

LAÏLA La signification du prénom LAÏLA est "nuit" en arabe, et il trouve ses origines dans la culture arabe.

LAÏNA Signifie "bouclier de lumière" et trouve ses origines dans différentes cultures, notamment africaine et polynésienne.

LALIA D'origine arabe et signifie "la nuit" ou "la belle nuit étoilée".

LALIE D'origine française et signifie "fille qui parle beaucoup".

LALIYAH Signifie "ascension" ou "élévation" et a des origines hébraïques.

LALY Le prénom LALY est une contraction du prénom Laura et de l'adjectif latin "lalis" qui signifie doux, agréable. Son origine est donc mixte entre l'anglais et le latin.

LALYA Signifie "beauté" en arabe et trouve son origine dans la culture musulmane.

LAMIA Signifie "la nuit" en arabe et trouve son origine dans la mythologie grecque où Lamia était une créature mi-femme mi-serpent.

LAMIS D'origine arabe et signifie "compagnon(e) aimé(e)" ou "personne douce et tendre".

LANA Signifie "belle" ou "éclat du soleil" et est d'origine slave.

LANAH D'origine hébraïque, signifiant "grâce de Dieu" ou "bénie par Dieu".

LAORA Signifie "laurel" et est d'origine latine.

LARA Signifie "citadelle" en russe et "célèbre" en latin. Il est d'origine slave et est également utilisé comme diminutif du prénom Larissa.

LATIFA D'origine arabe et signifie "belle, douce, tendre" en français.

LAURÈNE Signifie "couronnée de laurier" et a des origines latines.

LAURIANE D'origine latine et signifie "couronnée de lauriers".

LAURINA Signifie "couronne de laurier" et il est d'origine latine.

LAURINE Signifie "laurier" et a une origine latine.

LAVINIA Signifie "pur, purifié" et trouve son origine dans la mythologie romaine, en tant que nom d'une reine légendaire du Latium.

LAYÂ Signifie "libre" et provient du persan ancien et du sanskrit.

LAYAH D'origine hébraïque et signifie "lionne de Dieu".

LAYAL D'origine arabe et signifie "les nuits" ou "les soirées".

LAYANA D'origine hindoue et signifie "belle et gracieuse".

LAYANAH Signifie "belle comme une perle" et il a des origines arabes.

LAYANNA Signifie "douceur" ou "grâce" et il est d'origine arabe.

LAYANNAH Signifie "grâce de Dieu" et est d'origine américaine.

LAYEL Signifie "nuit" en arabe et son origine remonte à la culture arabe.

LAYINA Signifie "douceur" en arabe et est d'origine africaine.

LAYLA Signifie "belle nuit" en arabe et il trouve son origine dans la mythologie arabe et perse, mettant en avant la beauté et la séduction.

LAYNA Signifie "brillante" et a une origine arabe.

LEA Signifie "lionne" et trouve son origine dans la Bible, où Léa était l'une des épouses de Jacob.

LÉANA D'origine bretonne qui signifie "ensoleillée" ou "illumination".

LÉANE Signifie "lionne" en hébreu et vient du prénom Léa.

LÉANNA Signifie "grâce de Dieu" et est d'origine bretonne ou hébraïque.

LÉANNE D'origine anglo-saxonne et est dérivé du prénom français Léa. Il signifie "lionne" et évoque la force et le courage.

LEELA Signifie "jeu divin" en sanskrit et trouve son origine dans la tradition indienne.

LEELOU Variante orthographique du prénom "Leeloo", d'origine incertaine, et il est généralement associé au personnage principal féminin du film "Le Cinquième Elément" réalisé par Luc Besson en 1997.

LEENA Signifie "douceur" en arabe et il est d'origine finlandaise.

LEEWANE D'origine amérindienne et signifie "guerrier" ou "celui qui se bat avec courage".

LEEYAH D'origine arabe et signifie "compagne, complice".

LÉHNA Signifie "beauté", il est d'origine arabe.

LEÏA Signifie "lionne" en hébreu et il est d'origine biblique.

LEÏLA Signifie "nuit" en arabe et trouve son origine dans la culture arabe.

LEÏNA Signifie "belle comme la lumière" et est d'origine hawaïenne.

LEIRE Signifie "chanson" en basque et est d'origine basque.

LEÏYA Signifie "Celle qui apporte la joie" en swahili et trouve son origine en Afrique de l'Est.

LELIA Signifie "lumineuse" et trouve ses origines dans la Rome antique.

LENA D'origine grecque et signifie "lumière" ou "éclat".

LÉNAÏG Signifie "rayon de soleil" en breton et est d'origine celtique.

LÉNAYA D'origine russe qui signifie "esprit libre" ou "liberté", symbolisant l'indépendance et la créativité.

LÉONA Signifie "lionne" en grec et il est dérivé du prénom Léon, qui est lui-même dérivé du mot grec "leon" signifiant "lion".

LEONORA D'origine espagnole et signifie "lumière" ou "brillante".

LÉONORE Signifie "lumière" ou "éclat du soleil" et a des origines grecques et allemandes.

LÉONTINE Signifie "lionne" et trouve son origine dans le latin "leon" associé au suffixe féminin "-tine".

LÉOPOLDINE Signifie "brave et audacieuse" et trouve son origine dans le prénom germanique Leopold, composé des éléments "leud" (peuple) et "bald" (audacieux).

LERIA D'origine grecque et signifie "celle qui est belle comme la mer".

LÉSIA D'origine ukrainienne et signifie "gardienne de la liberté".

LETICIA Signifie "joie" en latin et a des origines espagnoles.

LETTY Signifie "bénie" en gallois et est dérivé du prénom Elizabeth.

LÉVANA Signifie "la lune" en hébreu et trouve son origine dans la culture juive.

LEXA D'origine grecque et signifie "protecteur" ou "défenseur".

LEXIE D'origine grecque et signifie "défenseur de l'humanité" ou "protecteur de l'homme".

LÉYA Signifie "lionne" en hébreu et trouve son origine dans la culture africaine et hébraïque.

LEYAH Le prénom Leyah est un prénom féminin d'origine hébraïque qui signifie "qui appartient à Dieu".

LÉYANA Signifie "beauté scintillante" en arabe. Son origine provient de la culture arabe.

LÉYANNA D'origine arabe et signifie "belle comme la nuit".

LEYLA Signifie "nuit" en turc et en persan, et trouve son origine dans la mythologie perse.

LÉYNA Signifie "rayonnement" et est d'origine arabe.

LÏA Signifie "fatigue" en hébreu, il est également issu du prénom Lia qui

LIAH D'origine hébraïque et signifie "jeune veuve" ou "fatiguée".

LÏANA Signifie "belle comme un rayon de soleil" et il a des origines hawaïennes.

LIBBY Le prénom Libby est un diminutif anglais du prénom Elizabeth, qui signifie "Dieu est plénitude" et a des origines hébraïques.

LIBI Signifie "mon cœur" en hébreu et trouve son origine dans la Bible.

LILA Signifie "la nuit" en arabe et trouve son origine dans la religion hindoue, où Lila est une déesse du jeu et de la créativité.

LILAS Signifie "fleur mauve" en arabe et est également utilisé pour représenter la couleur mauve. Il tire son origine du nom de la fleur lilas, connue pour son parfum délicat.

LILI Signifie "lys" ou "pureté" et provient de l'anglais et de l'allemand.

LILIA Signifie "lys" en latin et il a des origines latines et hébraïques.

LILIANA D'origine latine et signifie "fleur de lys".

LILIANE Signifie "fleur de lys" et il provient de l'association du prénom Lily avec le suffixe féminin "ane".

LILIE Signifie "fleur de lys" et trouve son origine dans le terme anglo-saxon "lily" qui désigne également le lys, symbole de pureté et de beauté.

LILITH Signifie "nuée" ou "démon" en hébreu et son origine remonte à la mythologie babylonienne où Lilith était une figure démoniaque associée à la nuit et à l'érotisme.

LILLY Signifie "lys" en allemand et trouve son origine dans la fleur de lys, symbole de pureté et de noblesse.

LILWENN D'origine bretonne et signifie "fleur de blé" ou "fleur blanche".

LILY Signifie "lys" en anglais et est dérivé du prénom Lilian/Lilian, lui-même issu du nom de la fleur symbolisant la pureté et la beauté dans de nombreuses cultures.

LILY-ROSE Signifie "fleur de lys rose" et son origine est anglo-saxonne.

LILYA D'origine russe, signifie "fleur de lys" et symbolise la pureté et la beauté.

LILYAH Signifie "belle fleur" et est d'origine arabe.

LILYANA Signifie "belle fleur" et provient de l'union des prénoms Lily et Ana.

LILYANE Signifie "lys" et est d'origine grecque.

LINAËLLE Le prénom Linaëlle est un prénom féminin d'origine bretonne, qui signifie "fille de Lin".

LINAYA Signifie "joyeuse" et il trouve son origine dans la culture amérindienne.

LINAYAH D'origine arabe et signifie "gracieux" ou "délicate".

LINDA Signifie "belle" en espagnol et en portugais et trouve son origine dans le latin "lindus" signifiant "doux" ou "aimable".

LINE Signifie "grâce" ou "beauté" et a des origines scandinaves.

LINOY Signifie "mon arbre" en hébreu et est d'origine biblique.

LIORA Liora est un prénom hébreu qui signifie "ma lumière" ou "ma lumière divine", faisant référence à une personnalité éclatante et spirituellement illuminée.

LISA Signifie "Dieu est mon serment" et trouve son origine dans le prénom Elisabeth.

LISANDRA D'origine grecque qui signifie "celle qui protège les hommes".

LISANDRINA D'origine grecque et signifie "libératrice des hommes".

LISE Signifie "Dieu est mon serment" et trouve son origine dans le prénom hébraïque Elisheva.

LISETTE D'origine française, dérivé du prénom Élisabeth, qui signifie "Dieu est promesse" ou "Dieu est plénitude".

LISON Le prénom Lison est une forme familière du prénom Élisabeth, d'origine hébraïque, qui signifie "Dieu est plénitude".

LITAL Signifie "mon étoile" en hébreu et il est d'origine juive.

LIV Signifie "vie" en norvégien et en danois et est d'origine scandinave.

LIVANA Signifie "lune" et trouve son origine dans la culture slave.

LIVIA Signifie "dédiée à la vie" et trouve son origine dans la Rome antique.

LIVY D'origine latine, signifie "vie" ou "protégée".

LIYA D'origine hébraïque, signifie "jeune gazelle."

LIYAH D'origine arabe et signifie "nuit noire" ou "obscurité".

LIYANA Signifie "douceur" en arabe et est d'origine africaine.

LIZ Le prénom LIZ est une forme courte du prénom Elizabeth qui signifie "vouée à Dieu" en hébreu. Son origine remonte à l'Ancien Testament.

LIZA Signifie "consacrée à Dieu" et est d'origine hébraïque.

LIZÉA Signifie "nénuphar" en hawaïen et trouve son origine dans la nature et la culture hawaïenne.

LIZIE Variante du prénom "Elisabeth" d'origine hébraïque, signifiant "Dieu est plénitude" ou "Dieu est mon serment".

LIZZIE Le prénom Lizzie est une diminutive du prénom Elizabeth, d'origine hébraïque, signifiant "Dieu est plénitude".

LIZZY Le prénom LIZZY est une diminutif du prénom Elizabeth, d'origine hébraïque, et signifie "Dieu est plénitude".

LOEIZA Signifie "celle qui apporte la joie" en langue bretonne et trouve son origine dans la culture celtique.

LOÉLINE D'origine française et il signifie "lumière divine".

LOËZA D'origine bretonne et signifie "lumière" ou "splendeur".

LOÏSE Signifie "guerrière courageuse" et trouve son origine dans le prénom hébraïque "Yahweh", signifiant "Dieu est salut".

LOJAIN D'origine arabe et signifie "les perles de l'océan".

LOLA Signifie "sorcière en pleine lumière" et est d'origine espagnole.

LORA D'origine espagnole et italienne, signifie "laurel" ou "couronne de laurier" en référence à la victoire et à la gloire.

LOREA Le prénom LOREA est un prénom féminin d'origine basque qui signifie "fleur".

LORENA Signifie "couronne de laurier" et est d'origine espagnole.

LORIANE Signifie "la couronnée" et provient de l'association des prénoms Lora et Diane.

LOU-ANNE D'origine française et est une variante du prénom Anne, signifiant "grâce" ou "miséricorde" en hébreu, associé au prénom Lou qui signifie "célèbre au combat" en

LOUANA Signifie "combattante" ou "guerrière" en hawaïen et est une variante du prénom Luana d'origine italienne.

LOUANNE D'origine française et est composé des éléments "Lou" signifiant "célèbre guerrier" et "Anne" signifiant "grâce", ce qui lui donne la signification de "gracieuse guerrière".

LOUBNA Signifie "arbrisseau de la montagne" en arabe et trouve son origine dans la culture arabe.

LOUCIA D'origine latine et signifie "lumière" ou "claire".

LOUCIANA Signifie "lumière" et a une origine latine.

LOUISA Signifie "fameuse guerrière" et est d'origine germanique.

LOUIZA Variante féminine du prénom Louis, d'origine germanique, signifiant "célèbre au combat".

LOUJAIN Signifie "les perles" en arabe et il est d'origine arabe.

LOUJAYNE D'origine arabe et signifie "beauté de l'âme".

LOUNA Signifie "lune" en latin et il est d'origine espagnole.

LOUVE Signifie "louve" en français et fait référence à la femelle du loup. Son origine vient de la mythologie romaine où Louve était la créatrice de Rome et la mère des fondateurs mythiques de la ville, Romulus et Rémus.

LOUWENN D'origine bretonne et signifie "blanche lumière" ou "belle lumière".

LUANA Signifie "grâce de Dieu" en hawaïen et trouve ses origines dans la culture polynésienne.

LUCCIANA Le prénom LUCCIANA vient de l'italien et signifie "lumineuse". Son origine est dérivée du prénom masculin Luciano, lui-même dérivé du prénom latin Lucius.

LÙCIA Le prénom LÚCIA vient du latin "lucius" qui signifie "lumière" ou "brillance", et il est d'origine latine.

LUCIANA Le prénom Luciana vient du latin "lucius" qui signifie "lumière", et signifie "lumineuse" ou "éclatante". Il a des origines italiennes et espagnoles.

LUCIANNA Signifie "lumière" et est d'origine latine.

LUCILLE Signifie "lumière" et a une origine latine.

LUCY Signifie "lumière" et a une origine latine.

LUDIVINE Signifie "amie de la paix" et trouve son origine dans l'association des prénoms germaniques "Hlodo" (gloire) et "wine" (ami).

LUDMILA Signifie "aimée du peuple" et a des origines slaves.

LUISA Signifie "guerrière célèbre" et trouve son origine dans la forme féminine espagnole du prénom Louis.

LUIZA Variante féminine du prénom Louis, d'origine germanique, signifiant "célèbre au combat".

LUMA Signifie "la lumière" et il a des origines latines.

LÙNA Signifie "lune" et trouve son origine dans la mythologie romaine et latine où la lune était considérée comme une divinité.

LUTXI D'origine basque, signifie "la lumière" ou "celui qui brille".

LUZ Signifie "lumière" en espagnol et en portugais, et il trouve son origine dans la langue latine.

LYA D'origine arabe et signifie "sublime", "éclatante" ou "lumineuse".

LYAH D'origine inconnue, il n'a pas de signification spécifique.

LYANA Signifie "la belle" et trouve ses origines dans la culture arabe.

LYANNA Signifie "belle fleur" et est d'origine grecque.

LYANNAH D'origine américaine et signifie "lionne gracieuse" ou "noble".

LYCIA Signifie "du peuple Lycien" et trouve son origine dans la région antique de Lycie, située en Anatolie (actuelle Turquie).

LYDIA Signifie "née en Lydie", une ancienne région de l'Asie Mineure, et est d'origine grecque.

LYLA Signifie "nuit sombre" et a des origines arabes.

LYLA-ROSE D'origine américaine et est une combinaison des prénoms Lyla,

LYLIA D'origine arabe et signifie "nuit douce" ou "belle nuit".

LYLIANA D'origine mythologique, inspiré du nom de la mythique fleur "Lys".

LYLIE D'origine anglaise et signifie "fleur de lys".

LYLOU Variante moderne et créative du prénom Lily, mélangeant les sonorités de plusieurs prénoms féminins. Son origine est donc une combinaison de différentes sources.

LYLWENN Signifie "lys blanc" en breton et trouve son origine dans la culture celte.

LYN D'origine anglo-saxonne et signifie "lac ou étang".

LYNA D'origine arabe et signifie "douceur".

LYNAËLLE D'origine bretonne et signifie "belle cascade" ou "belle chute d'eau".

LYNAÏA D'origine amérindienne, signifie "celle qui vient du ciel" ou "étoile filante".

LYNDA D'origine anglaise, signifie "beau serpent" ou "charmante" et est souvent considéré comme une variante du prénom Linda.

LYNE D'origine anglo-saxonne, signifie "joyeuse" ou "joyeuse jouteuse".

LYNN Signifie "lac" en gaélique et il est d'origine celte.

LYNNA D'origine anglaise et est une variation féminine du prénom Lynn. Il signifie "ruisseau ou cascade douce".

LYRA Signifie "lyre" en grec et est souvent associé à un instrument de musique.

LYSA Le prénom LYSA est généralement considéré comme une variante du prénom Lisa, d'origine hébraïque, signifiant "Dieu est mon serment".

LYSE Signifie "lumière" en grec et a une origine étymologique scandinave.

LYSÉA Signifie "la beauté de la lumière" et trouve son origine dans la mythologie grecque, faisant référence à la déesse de la lumière, Lyséa.

LYSIA Signifie "source de joie" et trouve son origine dans le grec ancien.

LYSSANA Le prénom Lyssana est un prénom féminin d'origine grecque qui signifie "libération" ou "délivrance".

LYV Lyv est un prénom mixte d'origine bretonne qui signifie "lion" ou "lionne".

LYVIA Signifie "issu de l'ancienne Rome" et est dérivé du prénom latin "Livius".

LYZÉA Signifie "étoile brillante" en langue grecque et son origine est inspirée de l'élément "lysis" qui

M'BALIA D'origine africaine, plus précisément

M'MAH Signifie "celui qui apporte la paix" et est d'origine africaine.

MABINTY Signifie "fille aimée" en langue mandingue et est d'origine africaine.

MACHA Signifie "petite guerrière" et trouve son origine dans la langue russe, étant le diminutif du prénom féminin Maria.

MADDALENA Signifie "Marie-Madeleine" en italien et son origine remonte à la Bible et à la figure de Marie-Madeleine, une des disciples de Jésus.

MADDI D'origine basque et signifie "celle qui est aimée" ou "celle qui est chérie".

MADDIE Le prénom Maddie est une forme raccourcie du prénom Madeline/Madison, d'origine anglaise, signifiant "femme de Magdala" ou "femme provenant de la haute tour".

MADELINE Signifie "femme de Magdala" et est d'origine hébraïque.

MADIE Variante du prénom Madeline d'origine grecque, qui signifie "gracieuse" ou "élevée".

MADINA Le prénom MADINA fait référence à une ville sainte de l'Islam et signifie "ville" en arabe.

MAELA Signifie "princesse qui vient de la mer" et trouve ses origines dans les cultures bretonne et celtique.

MAËLANE Signifie "enfant précieux" ou "don de Dieu" et trouve son origine dans la fusion du prénom breton Maël et du prénom celte Elane.

MAËLIA Signifie "princesse" en breton et est dérivé du prénom Maël.

MAËLIE D'origine bretonne, signifiant "princesse", et dérivé du prénom Maël.

MAËLINE Signifie "gracieuse", "belle" et il est d'origine bretonne.

MAËLLE D'origine bretonne qui signifie "princesse" ou "héroïne".

MAËLLY Signifie "princesse" et est d'origine bretonne.

MAËLLYA Le prénom MAËLLYA est un prénom féminin d'origine bretonne qui signifie "princesse" ou "princesse aux yeux bleus".

MAËLY Signifie "princesse" en breton et il est d'origine celtique.

MAËLYA Signifie "princesse de la mer" et est d'origine bretonne.

MAËLYNE D'origine bretonne et signifie "la princesse de la mer".

MAËLYS D'origine bretonne, signifie "princesse" ou "perle".

MAËNA Signifie "bienvenue" en breton. Il est d'origine celtique.

MAËRA Signifie "la lune" et a des origines bretonnes.

MAËVA Signifie "bienvenue" en tahitien et est d'origine polynésienne.

MAEVE D'origine irlandaise et signifie "reine".

MAGDA Signifie "perle" et a une origine hébraïque.

MAGDALENA Signifie "celle qui est originaire de Magdala" et il tire son origine du nom d'une ville située en Galilée, mentionnée dans la Bible.

MAGGIE Signifie "perle" et est une diminution du prénom Margaret d'origine grecque.

MAGGY D'origine anglaise et est une forme diminutive du prénom Margaret, signifiant "perle" en grec.

MAHA D'origine arabe et signifie "femelle de cerf", symbolisant la grâce et la beauté.

MAHAULT Signifie "puissante chef de guerre" et trouve son origine dans la culture celtique.

MAHAWA D'origine africaine, plus précisément d'origine mandingue, et signifie "le joyau de la famille" ou "celle qui est précieuse".

MAHINA D'origine polynésienne et signifie "lune" en tahitien.

MAHIRA Signifie "compagnon" en arabe et est d'origine musulmane.

MAÏ D'origine vietnamienne et signifie "fleur de pluie".

MAÏA Signifie "mère" en hébreu et trouve ses origines dans la mythologie grecque, où Maïa était la plus jeune et la plus belle des Pléiades.

MAÏANA D'origine tahitienne qui signifie "belle fleur de corail".

MAIENA D'origine basque et signifie "belle".

MAIKA Signifie "nouvelle venue" en hawaïen et a d'abord été utilisé comme surnom pour les personnes d'origine japonaise résidant à Hawaii, avant de devenir un prénom à part

MAÏLA	D'origine polynésienne qui signifie "fleur de lumière" ou "merveille".
MAÏLY	D'origine bretonne, signifiant "princesse" ou "récompense".
MAÏLYS	Signifie "princesse" en breton et tire son origine du prénom gaélique Maëlis.
MAÏMOUNA	Signifie "bénie" ou "favorisée par Dieu" et trouve son origine dans les traditions africaines et arabes.
MAÏNA	Signifie "celle qui est joyeuse" en polynésien et est d'origine tahitienne.
MAÏRA	Signifie "belle et lumineuse" en arabe. Il s'agit d'un prénom d'origine arabe et hébraïque.
MAÏSSA	Signifie "qui apporte le bonheur" et trouve son origine dans la culture arabe.
MAÏSSANE	Signifie "belle" en arabe et est d'origine marocaine.
MALAÏKA	Signifie "ange" en swahili et provient de l'Afrique de l'Est.
MALÏA	Signifie "calme et paisible" et il est d'origine hawaïenne.
MALIKA	Signifie "reine" en arabe et trouve son origine dans les cultures arabes et africaines.
MALIZA	Signifie "celle qui est bienveillante" et trouve son origine dans la culture swahilie.
MALKA	Signifie "reine" en hébreu et est d'origine juive.
MALYA	Signifie "princesse" en hindi et trouve son origine en Inde.
MALYANA	Signifie "petite princesse" et est d'origine slave.
MAME-DIARRA	Signifie "celle qui a de la valeur" en wolof et est originaire d'Afrique de l'Ouest, plus spécifiquement du Sénégal.
MAMOU	D'origine guinéenne et signifie "celui qui apporte la paix" en langue mandingue.
MANAL	Signifie "l'accomplissement" en arabe et trouve son origine dans la culture arabo-musulmane.
MANASSA	Signifie "oublié de Dieu" et trouve son origine dans la Bible, où il est attribué à un personnage de l'Ancien Testament.
MANÉ	Signifie "celle qui est née le matin" et a une origine turque.
MANËL	D'origine arabe qui signifie "la grâce de Dieu" ou "la faveur divine".
MANELLE	D'origine arabe qui signifie "belle étoile".
MANESSA	Signifie "la gracieuse" et trouve son origine dans le continent africain, notamment en Afrique de l'Ouest.
MANISSA	Signifie "célèbre" et trouve son origine dans les traditions arabes.
MANTHITA	D'origine thaïlandaise qui signifie "bénie" ou "aimée".
MANUELA	Signifie "Dieu est avec nous" et provient de l'espagnol.
MANUELLA	Le prénom Manuella trouve son origine dans le prénom hébreu "Emmanuël", signifiant "Dieu est avec nous", et est considéré comme une forme féminine de Manuel.
MARAM	D'origine arabe et signifie "désir intense" ou "aspiration profonde".
MARCELLA	Signifie "petite guerrière" et trouve son origine dans le prénom latin "Marcellus", dérivé du nom de famille "Marcellinus" signifiant "appartenant à la famille Marcellus".
MARGARET	Signifie "perle" en grec ancien et il provient du latin "Margarita", lui-même dérivé du grec "margarites".
MARGAUX	D'origine française et signifie "perle".
MARGOT	D'origine française et est une forme diminutive du prénom Marguerite. Il signifie "la perle" ou "la précieuse".
MARIAM	Signifie "aimée de Dieu" et trouve son origine dans la Bible, où il est le nom hébreu de Marie, la mère de Jésus.
MARIAMA	D'origine arabe et signifie "la pure, la chaste".
MARIAME	Signifie "la bien-aimée" et a des origines hébraïques.
MARIAMOU	Signifie "bien-aimée de Dieu" et a des origines arabes et hébraïques.
MARIANA	D'origine espagnole/portugaise et peut signifier "gracieuse" ou "belle".
MARIANNA	Signifie "gracieuse et amère" et il est d'origine hébraïque.
MARIANNE	D'origine hébraïque et signifie "gracieuse". Il est également associé au symbole de la République française.

MARIE-LOU Le prénom MARIE-LOU est une combinaison des prénoms "Marie" d'origine hébraïque, signifiant "aimée de Dieu", et "Lou" diminutif du prénom "Louise" d'origine germanique signifiant "célèbre au combat".

MARIEM D'origine arabe et signifie "élevée, noble".

MARIÉTOU D'origine africaine et signifie "celle qui est aimée par Dieu".

MARILOU Le prénom Marilou est un prénom composé féminin d'origine française, formé à partir des prénoms Marie et Louise.

MARINA Signifie "de la mer" et trouve son origine dans la culture latine.

MARINE Le prénom MARINE vient du latin "marinus" qui signifie "relatif à la mer" et symbolise la force, la beauté et la sagesse de cet élément.

MARITA D'origine latine et est une forme dérivée du prénom "Marie", signifiant "aimée de Dieu".

MARIYA D'origine hébraïque et signifie "amertume" ou "mer".

MARIYAH Signifie "celle qui est aimée" ou "chérie" en arabe et il est d'origine hébraïque.

MARIYAM La signification du prénom MARIYAM est "la bien-aimée, la pure" et il trouve ses origines dans l'arabe et l'hébreu.

MARJANE Signifie "corail" en persan et provient de la culture iranienne.

MARLA D'origine allemande qui signifie "fameuse au combat" ou "celle qui est célèbre".

MARLIE D'origine germanique et signifie "célèbre au combat".

MARNIE Signifie "belle de mer" et a des origines écossaises.

MARTA D'origine latine et signifie "dame, maîtresse" ou "guerrière".

MARTHA Signifie "dame" ou "maîtresse de maison" et trouve ses origines dans la tradition biblique.

MARWA Signifie "la goutte de pluie qui fait germer les plantes" en arabe. Son origine remonte à l'époque pré-islamique et est associée à une montagne sacrée en Arabie.

MARYA D'origine hébraïque et signifie "belle étoile".

MARYAM Signifie "aimée de Dieu" et tire ses origines de la culture arabe et hébraïque.

MARYAMA Signifie "croyante" en arabe et trouve son origine dans la culture islamique.

MARYAME D'origine arabe et signifie "la pure" ou "consacrée à Dieu".

MARYEM D'origine arabe et signifie "la bien-aimée de Dieu".

MARYLOU Le prénom Marylou est un prénom féminin d'origine américaine, composé des prénoms Mary et Lou, signifiant "marie" et "célèbre combattante".

MASSANDJE Signifie "celle qui est bénie" et trouve son origine en Afrique de l'Ouest, notamment en Côte d'Ivoire.

MASSILYA Signifie "celle qui est née à Marseille" et il a une origine arabe.

MATHILDA Signifie "puissant guerrier" en germanique et il est d'origine germanique.

MATILDA Signifie "force au combat" et trouve son origine dans les pays germaniques.

MATILDE Signifie "force au combat" et trouve son origine dans l'ancien germanique.

MATTÉA D'origine italienne et est une variante féminine du prénom Matteo, signifiant "don de Dieu".

MAUD Signifie "puissante en bataille" et est d'origine germanique.

MAUREEN Signifie "mauricienne" et a une origine irlandaise.

MAWA Signifie "terre" en langues africaines, et il est d'origine africaine.

MAXINE D'origine latine et signifie "la plus grande".

MAYANA Signifie "source d'eau" en hébreu et provient du mot hébreu "ma'ayan".

MAYANE D'origine hébraïque qui signifie "source d'eau douce", symbolisant la pureté et la vivacité.

MAYLA D'origine turque et signifie "belle" ou "gracieuse".

MAYLEE D'origine américaine qui signifie "prairie fleurie" ou "joie du printemps".

MAYLIE D'origine anglaise, dérivé du prénom anglais "May" signifiant "mai" en français, symbolisant le renouveau et la nature.

MAYLINE D'origine française et signifie "jolie pluie d'été".

MAYLIS Signifie "petite Marie" en français et provient de la contraction des prénoms Marie et Alys.

MAYMOUNA Signifie "bénie" en arabe et trouve son origine dans la culture musulmane.

MAYNA Signifie "source d'eau pure" et trouve son origine dans la langue amérindienne.
MAYRA Signifie "merveille" et trouve son origine dans la langue arabe.
MAYRAH D'origine arabe dont la signification est "belle lune".
MAYSSA Signifie "la marche triomphante" en arabe et il est d'origine orientale.
MAYSSANE D'origine arabe et signifie "belle, gracieuse".
MAYSSEN D'origine allemande et signifie "forteresse de maïs".
MAYZIE D'origine anglo-saxonne, qui signifie "perle rare" ou "chanceuse".
MAZARINE D'origine royale" et trouve son origine dans le nom d'une couleur bleu-vert nommée "mazarine", en référence à Catherine Henriette de Balzac d'Entragues, duchesse de
MEDEEA D'origine grecque et signifie "la malicieuse".
MÉDINA D'origine arabe, signifie "ville" ou "centre" et est souvent associé à la ville sainte de Médine en Arabie saoudite.
MEERA D'origine indienne et signifie "océan" ou "merveilleux".
MÉGANE D'origine bretonne et signifie "perle" ou "précieuse".
MEÏ Le prénom Meï désigne une personne d'origine chinoise et signifie "beauté".
MEIJE Signifie "montagne éternelle" en provençal et fait référence au sommet du Massif des Écrins dans les Alpes françaises.
MEÏLI Signifie "belle rose" en chinois et il a des origines chinoises.
MEÏLY Signifie "fille belle et délicate" en chinois, et il est souvent donné en référence à la culture asiatique et sa signification poétique.
MEÏLYNE Signifie "belle fleur" en Breton et est d'origine celtique.
MÉLIA Signifie "femme douce" et a une origine grecque.
MÉLIE Signifie "miel" et a une origine grecque.
MELIHA D'origine turque et signifie "belle, agréable".
MÉLINA Signifie "miel" en grec et est d'origine grecque.
MÉLINDA D'origine grecque qui signifie "douce, aimable".
MÉLINE D'origine grecque, signifie "abeille" et symbolise la douceur, la sociabilité et l'harmonie.
MELISA D'origine grecque et signifie "abeille douce".
MÉLISSA Signifie "abeille" en grec et trouve son origine dans la mythologie grecque, où Mélissa était une nymphe qui nourrissait le dieu Zeus avec du miel.
MELIZA Signifie "abeille" et a une origine anglo-saxonne.
MELLINA Signifie "petite abeille" en grec et il est dérivé du prénom Melina, qui tire son origine du mot grec "meli" signifiant "miel".
MÉLODIE Signifie "chanson" ou "harmonie" en grec et provient du mot "melos" qui
MÉLODY Signifie "mélodie" en français et tire son origine du mot grec "melōidía" qui
MÉLUSINE D'origine germanique signifiant "celle qui est née dans la mer" et il est également lié à une légende médiévale française sur une fée serpent aquatique.
MÉLY D'origine francaise et signifie "aimée" ou "mélodieuse".
MÉLYA Signifie "qui est douce et mélodieuse" et est d'origine française.
MÉLYANA Le prénom MÉLYANA a une origine incertaine et sa signification n'est pas établie clairement.
MÉLYNA D'origine grecque et signifie "douceur" ou "douce mélodie".
MÉLYNE Signifie "merveille" en gaélique et trouve son origine en France.
MENCIA Signifie "protection" et a une origine espagnole.
MERIEM D'origine arabe et signifie "aimée de Dieu".
MERYAM D'origine hébraïque et signifie "aimée de Dieu".
MERYEM Signifie "Marie" en arabe et trouve son origine dans la religion chrétienne.
MEVA Le prénom MEVA est un prénom féminin d'origine malgache qui signifie "celle qui est aimée".
MEYLIE D'origine chinoise qui signifie "belle et gracieuse".
MEYLINE Signifie "belle étoile" en breton.

MEYRA D'origine turque et signifie "lumière" ou "éclat".
MÏA Signifie "mienne" ou "appartenant à moi" en suédois, et il est également d'origine scandinave.
MIAH La signification du prénom MIAH est "qui est aimée de Dieu" et il est d'origine hébraïque.
MICHELLE Signifie "qui est comme Dieu" et est d'origine hébraïque.
MIHRA Signifie "soleil" en persan et trouve ses origines dans la culture iranienne.
MILA Signifie "gracieux" et trouve ses origines dans plusieurs cultures, notamment slovène, russe et croate.
MILANA Signifie "gracieuse" en slave et trouve son origine dans les pays de l'Europe de l'Est.
MILÉNA D'origine slave et signifie "aimée" ou "chérie".
MILIA D'origine hébraïque et signifie "gracieuse" ou "qui est aimée de Dieu".
MILIANA Signifie "aimée de Dieu" et a une origine latine.
MILLA Signifie "aimée du peuple" en germanique, et est une forme raccourcie du prénom Camille.
MILLIE D'origine anglo-saxonne qui signifie "forte bataille" ou "travailleur acharné", dérivé du prénom Millicent.
MILYA Signifie "amie" en hébreu et il est d'origine latine.
MILYANA Signifie "aimable" ou "douce" et trouve son origine dans les langues slaves.
MINATA Signifie "celle qui est aimée" en bambara et provient de l'Afrique de l'Ouest.
MIRA Signifie "merveille" ou "paix" en arabe, hébreu et slave. Il trouve son origine dans différentes cultures comme celle arabe, hébraïque ou encore slave.
MIRABELLE Signifie "merveille" et a des origines latines et françaises.
MIRAL Signifie "princesse" en arabe et son origine est également arabe.
MIRALE Signifie "regarder" et a une origine arabe.
MIRAY D'origine turque, signifie "vue, apparence" en référence à la beauté et la clarté de la vision.
MIRHA D'origine arabe et signifie "celle qui est généreuse" ou "celle qui a un bon cœur".
MIRIAM Signifie "rébellion" ou "amertume" en hébreu et il est d'origine biblique, faisant référence à la sœur de Moïse dans la tradition juive.
MIRNA Signifie "aimée" en arabe et il est d'origine croate.
MIRUNA Signifie "paix" en roumain et provient de la tradition roumaine folklorique, où la "miruna" est un personnage féminin mystique et bienveillant.
MIRYAM Signifie "aimée de Dieu" et a une origine hébraïque.
MITHRA Signifie "ami solaire" en avestique et provient du nom d'une divinité indo-iranienne associée au soleil dans la mythologie ancienne.
MIYA D'origine japonaise qui signifie "beauté suprême".
MOINA Signifie "espérance" en arabe et il est d'origine arabe.
MOINAMA OULIDA D'origine comorienne et signifie "celui qui est béni".
MOÏRA D'origine grecque et signifie "la destinée" ou "la part que l'on reçoit".
MOLLY Signifie "belle étoile de la mer" et trouve son origine dans la culture irlandaise.
MONA D'origine arabe, il signifie "qui est désirée, qui est aimée".
MONICA Signifie "conseillère" en latin et son origine remonte à l'Antiquité romaine.
MOUNA Signifie "qui apporte la quiétude" et trouve son origine dans le monde arabe.
MOUNAYA Signifie "celle qui est unique" en arabe et trouve son origine dans la culture arabe.
MOUNIRA Signifie "éclairée" en arabe et trouve son origine dans la culture musulmane.
MOUNISSA Signifie "compagnon" en arabe, et il est d'origine arabe.
MYA Signifie "illusion" en grec et "empereur" en arabe, et il trouve son origine dans différentes cultures telles que la grecque, l'hindoue et l'arabe.
MYAH D'origine anglaise et il signifie "accueillante" ou "bienvenue".
MYLA D'origine grecque qui signifie "miracle".

MYLANA Signifie "grâce" et trouve son origine dans la langue russe.
MYLÉNA Signifie "aimée" en grec et il est d'origine indienne.
MYLÈNE Signifie "merveille" et trouve son origine dans le prénom breton "Maelenn", qui
MYLIA Signifie "chérie" ou "aimée" et trouve son origine dans la langue germanique.
MYLIANA Signifie "gracieuse" et il est d'origine grecque.
MYRA Signifie "aimée" en grec et il est d'origine latine et hébraïque.
MYRTILLE D'origine grecque signifiant "mûre sauvage", en référence au fruit.
NAAVA D'origine hébraïque et signifie "belle" ou "gracieuse".
NABA Signifie "étoile" en langue mandingue et est d'origine africaine.
NABILA D'origine arabe et signifie "noble, généreuse".
NABINTOU Signifie "fille bénie" en langage peuhl et est d'origine africaine.
NACERA Signifie "celle qui triomphe" en arabe et a une origine arabe.
NADA Signifie "espoir" en arabe et il est d'origine arabe.
NADIA Signifie "espoir" en russe et en slave, et il a des origines arabes et persanes.
NADINE Signifie "espérance" et trouve son origine dans la version slave du prénom Nadia.
NADJIDA Le prénom Nadjida a une signification inconnue mais il est d'origine arabe.
NADJILA D'origine arabe et signifie "qui est juste et équitable".
NADJIMA D'origine arabe et signifie "étoile lumineuse".
NADJLA Signifie "juste" ou "équitable". Originaire de l'Arabe, il est souvent donné aux filles dans les pays du Maghreb.
NAËLIA Signifie "aubaine de Dieu" et a des origines hébraïques.
NAÉLIE Signifie "rayon de soleil" et est d'origine grecque.
NAËLLE D'origine arabe et signifie "réussie, heureuse".
NAËLY Signifie "belle et lumineuse" et trouve son origine dans les langues celtiques.
NAËLYA D'origine hébraïque qui signifie "grâce de Dieu".
NAËLYS Signifie "beauté de la mer" et son origine est plutôt moderne et inventée.
NAFISSA Signifie "précieuse" en arabe et trouve son origine dans la culture musulmane.
NAHIA D'origine basque et signifie "désir" ou "volonté".
NAHLA D'origine arabe et signifie "douce, abeille".
NAÏA Signifie "nymphette" en basque et il est d'origine basque.
NAÏCHA Signifie "celle qui est douce" et il est d'origine amérindienne.
NAÏDA Signifie "celle qui guide" et trouve son origine dans la culture arabe.
NAÏKA Signifie "celle qui est aimée" et trouve son origine dans la langue amérindienne des Arawaks, en particulier dans les cultures caraïbes et guyanaises.
NAÏLA Signifie "qui est accomplie" en arabe et trouve son origine dans la culture arabe.
NAÏLAH D'origine arabe qui signifie "qui atteint son objectif" ou "réussite".
NAÏLY D'origine arabe et signifie "égalité" ou "justesse".
NAÏMA Signifie "qui est à l'aise" en arabe, et il vient du mot "nâ□ima" qui
NAÏRA Signifie "lumière" en hébreu et il a des origines juives.
NAÏSSA Signifie "celle qui voit loin" et est d'origine arabe.
NAJWA D'origine arabe et signifie "conseil secret" ou "intimité".
NALYA Signifie "donner de la vie" en hébreu et trouve son origine dans la culture juive.
NALYAH Signifie "cadeau de Dieu" et trouve son origine dans les cultures africaines.
NAMINATA D'origine africaine qui signifie "celle qui apporte de la joie" ou "celle qui fait plaisir".
NAMIZATA Signifie "celle qui est aimée" en peul et est d'origine africaine, plus précisément du Mali.
NAOMIE Signifie "plaisir, délice" en hébreu et est dérivé du prénom biblique Naomi.
NAOMY Signifie "agréable" ou "douce" et trouve son origine dans le prénom hébreu "Naomi".
NAOUMI Signifie "agréable" ou "qui apporte la joie" et trouve son origine dans la culture hébraïque.
NARA Signifie "lumière" en sanskrit et trouve son origine en Inde.
NASLA Le prénom NASLA vient de l'arabe et signifie "fleur de lotus".

NASMA D'origine arabe et signifie "brise légère".
NASMI D'origine arabe et signifie "celui qui sourit".
NASRA Signifie "victoire" ou "aide" en arabe et tire son origine de la culture arabe et musulmane.
NASRINA Signifie "victorieuse" en arabe et trouve son origine dans la culture orientale.
NASRINE D'origine persane et signifie "sauvée" ou "victorieuse".
NASSIMA Signifie "précieuse" ou "pure" en arabe, et tire son origine de la culture arabe et musulmane.
NASSRINE D'origine arabe qui signifie "qui apporte la victoire" ou "qui est triomphante".
NASTASIA D'origine russe et signifie "résurrection".
NATACHA Signifie "née à Noël" et trouve son origine dans la version féminine du prénom russe Natal.
NATALIA Signifie "naissance" ou "jour de Noël" en latin et il trouve son origine dans la langue italienne.
NAVA Signifie "belle" en hébreu et est également d'origine persane.
NAWA Signifie "âme" en peul et il est d'origine africaine.
NAWELL D'origine arabe et signifie "don de Dieu".
NAYA Signifie "nouvelle" en sanskrit et trouve ses origines dans les langues indo-aryennes.
NAYAH Signifie "belle" en arabe et trouve son origine dans la culture arabe et berbère.
NAYANA Signifie "yeux" en sanskrit et il est d'origine hindoue.
NAYARA D'origine basque qui signifie "étoile brillante" ou "celle qui éclaire".
NAYCHA D'origine inconnue et sa signification est également inconnue.
NAYÉ D'origine amérindienne et signifie "aigle qui vole haut".
NAYLA D'origine arabe et signifie "celle qui a de beaux yeux".
NAYMA D'origine arabe, signifiant "qui a un visage brillant".
NAYRA Signifie "lumière" en basque et a une origine basque.
NAZDA Signifie "espérance" en langue tchèque, mais il n'a pas d'origine ou de signification précise dans d'autres cultures.
NAZLA Signifie "fleur douce" et est d'origine turque.
NAZRA D'origine arabe et signifie "vue" ou "regard".
NDEYE Signifie "mère" en wolof et est originaire de l'Afrique de l'Ouest.
NEELA Signifie "saphir" en hindi et trouve son origine en Inde.
NEELAH Le prénom féminin NEELAH signifie "en ciel" et trouve ses origines en Inde.
NEHA D'origine indienne et signifie "amour" ou "affection" en hindi.
NEÏLA Signifie "celle qui est bleue" en arabe et il est souvent associé à la couleur du ciel ou de l'océan. Sa variante la plus courante est le prénom NEILA.
NEÏSSA Signifie "fée" en arabe et il a des origines africaines.
NEJMA Le prénom féminin NEJMA signifie "étoile" en arabe. Son origine remonte à la culture arabe où il est souvent donné pour symboliser la beauté et l'éclat.
NÉLIA Signifie "celle qui vient du ciel" et son origine est incertaine.
NELLA D'origine italienne et dérive du prénom Antonella qui est le diminutif féminin d'Antonio, signifiant "inestimable".
NELLIA La signification du prénom NELLIA est "éclat du soleil" et son origine est incertaine.
NELLYA Signifie "la lumière de Dieu" et est d'origine hébraïque.
NÉLYA Signifie "rayon de soleil" et a des origines russes.
NELYAH Signifie "Dieu est ma lumière" en hébreu et surtout peut être également considéré comme une variante du prénom arabe Nelliah, qui
NEMA Signifie "grâce" en arabe et est d'origine musulmane.
NEREA Signifie "mer" en basque et trouve son origine dans la mythologie basque, où Nerea était une déesse de la mer.
NERMINE Signifie "belle comme la gazelle" et trouve son origine dans la culture arabe.
NESMA Signifie "brise matinale" en arabe et trouve son origine dans la culture arabe et musulmane.

NESRINE Signifie "fleur sauvage" en arabe et trouve son origine dans la culture arabe.
NESSA D'origine celtique et signifie "fée" ou "pure".
NESSIA D'origine hébraïque et signifie "miracle" ou "prodige".
NÉVA D'origine russe et signifie "neige" en référence au fleuve Neva qui traverse la ville de Saint-Pétersbourg.
NEYA Signifie "grâce de Dieu" et a des origines hébraïques.
NEYAH Signifie "but" ou "objectif" en hébreu et est d'origine biblique.
NEYLA Signifie "belle" ou "élégante" et il a des origines arabes ou turques.
NIA Signifie "brillant, rayonnant" et il a des origines swahilies et galloises.
NICOLETA Signifie "victoire du peuple" et trouve son origine dans les pays roumains et grecs.
NIHEL D'origine arabe et signifie "belle, attirante".
NILA Signifie "la couleur bleue" en langue indienne et il est d'origine sanskrit.
NINA D'origine espagnole et signifie "petite fille" ou "petite fille à l'esprit vif".
NINE D'origine hébraïque et signifie "grâce de Dieu".
NIOUMA D'origine africaine et signifie "belle" ou "gracieuse".
NISA Signifie "femme" ou "dame" en arabe et trouve son origine dans la culture arabe.
NISRINE Signifie "fleur sauvage" en arabe et trouve son origine dans la culture arabe.
NIYA Signifie "but" en arabe et est d'origine hindoue.
NIYAH Signifie "intention" ou "but" et trouve son origine dans la culture arabe.
NOÉE Signifie "repos" et trouve son origine dans la tradition biblique, étant une variante féminine du prénom Noé.
NOÉLIA Signifie "celle qui est née à Noël" et trouve son origine dans la fusion de Noël, fête chrétienne célébrée le 25 décembre, et du prénom féminin espagnol Noelia.
NOÉLIE D'origine latine qui signifie "enfant de Noël" ou "naissance à Noël".
NOÉLINE D'origine française, signifie "comme Noé" ou "issue de Noé" en référence au personnage biblique.
NOËLYA Signifie "joyeux Noël" et est d'origine française.
NOÉMIE Signifie "grâce de Dieu" et a des origines bibliques, provenant du personnage de Noé, le constructeur de l'arche dans l'Ancien Testament.
NORA Signifie "honorée" et son origine est irlandaise.
NORAH Signifie "honneur" en arabe et trouve son origine dans la culture irlandaise, où il est une variante féminine du prénom masculin "Noraigh".
NORHANE D'origine arabe et signifie "la lumière qui guide".
NORMA D'origine latine et signifie "du nord".
NOÛR Signifie "lumière" en arabe et est d'origine arabe.
NOURA Signifie "lumière" en arabe et trouve son origine dans la religion islamique.
NOURANE Signifie "femme lumineuse" et est d'origine arabe.
NOURIA Signifie "lumière" en arabe et trouve son origine dans la culture musulmane.
NOURIATI Signifie "celle qui est illuminée" et a une origine arabe.
NOURSINE Signifie "la lumineuse" en arabe et son origine remonte à la culture arabe.
NOUSRA Signifie "triomphante" en arabe et trouve son origine dans la culture musulmane.
NOUSSAYBA D'origine arabe qui signifie "femme distinguée" ou "femme élégante". Son origine remonte à l'époque préislamique.
NOY NOY est un prénom mixte d'origine hébraïque signifiant "plaisir" ou "joie", il peut être utilisé comme prénom ou comme nom de famille.
NOYA D'origine hébraïque et signifie "plaisir" ou "douceur".
NYA Signifie "objectif" en swahili et est d'origine africaine.
NYLA Signifie "gagnante" en arabe et trouve son origine dans cette langue.
NYNA D'origine polonaise et signifie "grâce à Dieu".
OCÉANE Signifie "de l'océan" et trouve son origine dans la mythologie grecque, en référence à l'océan, le dieu primordial des eaux salées.

OCTAVIA D'origine latine et signifie "huitième", faisant référence à la huitième enfant ou à la naissance au huitième mois de grossesse.

OCTAVIE Signifie "huitième" en latin, et fait référence à la huitième naissance ou à une personne née au huitième mois. Ce prénom féminin remonte à l'époque romaine et est dérivé du prénom masculin Octave.

OCTAVYA Variante féminine du prénom Octave, dérivé du latin "octavus" signifiant "huitième", il évoque donc la notion de position dans une série de huit.

ODÉLIA Signifie "richesse" ou "prospérité" et a des origines germaniques.

OHANA D'origine hawaïenne, signifie "famille" ou "appartenance à une famille".

OÏHANA Signifie "famille" en basque et tire ses origines de la région du Pays basque en France et en Espagne.

OLEYA Signifie "joyeuse" et trouve ses origines dans la langue russe.

OLIVIA Signifie "olivier" en latin et trouve son origine dans la tradition biblique, faisant référence à la symbolique de paix et de beauté associée à cet arbre.

OLIWIA Signifie "olivier" et trouve son origine dans la culture polonaise.

OLYMPIA Signifie "du mont Olympe" et trouve son origine dans la mythologie grecque, en référence à la montagne légendaire où résidaient les dieux grecs.

OMBELINE Signifie "petite ombre" et trouve son origine dans l'ancien français.

ONDINE Signifie "nymphe des eaux" et trouve son origine dans la mythologie germanique où Ondine était une créature aquatique surnaturelle.

ONS D'origine arabe et signifie "compagnon, ami fidèle".

OPHÉLIA Signifie "aide" ou "secours", et trouve son origine dans la mythologie grecque, notamment dans la pièce "Hamlet" de Shakespeare.

OPHÉLIE Signifie "aide" ou "secours" en grec ancien et trouve son origine dans la tragédie "Hamlet" de William Shakespeare, où il représente un personnage romantique et fragile.

ORA Signifie "lumière" en hébreu et peut également faire référence à "un moment précis" en latin. Il a des origines à la fois bibliques et latines.

ORIANA Signifie "l'aube" ou "celle qui brille comme le soleil" et trouve son origine dans la langue italienne.

ORIANE Signifie "la lumière de l'aurore" et trouve son origine dans le prénom latin Aurelianus, dérivé du mot aureus qui

ORIANNE Signifie "or" et trouve son origine dans les langues celtiques.

ORNELLA Signifie "petit orme" en italien et il trouve ses origines en Italie.

OUMAÏMA Signifie "aimée" en arabe et trouve son origine dans la culture musulmane.

OUMAYA Signifie "espérance" en arabe et trouve son origine dans la culture musulmane.

OUMAYMA Signifie "petite mère" et trouve son origine dans la culture arabe.

OUMI Signifie "ma mère" en arabe et il est d'origine musulmane.

OUMMY Signifie "espérance" ou "espoir" en arabe et il est d'origine africaine.

OUMOU Signifie "la mère de" en arabe. Il est d'origine africaine, notamment utilisé dans les pays à majorité musulmane.

OUMY Signifie "ma mère" en arabe et trouve son origine dans la culture musulmane.

OUNAYSSA Signifie "compagnon proche" en arabe et il trouve son origine dans la culture musulmane.

OUNEYSSA Signifie "petite compagne" en arabe et est d'origine musulmane.

OURA Signifie "or" en hébreu et provient du terme biblique "Ohr" qui

OXANE Signifie "hôte" ou "étranger" en grec ancien et trouve son origine dans la mythologie grecque avec le personnage d'Oxane, une nymphe des eaux.

PALOMA Signifie "colombe" en espagnol et en portugais, et il est d'origine latine.

PAOLA D'origine italienne, signifie "petite" ou "faible" et est principalement associé à la sainte Paola Elisabetta Cerioli, fondatrice des Filles de Maria Consolatrice.

PAOLINA Le prénom Paolina a une origine italienne et représente la version féminine du prénom Paul, signifiant "petit" ou "modeste".

PARVATI Signifie "fille des montagnes" en sanskrit et trouve son origine dans la mythologie hindoue, où Parvati est la déesse de l'amour et de la dévotion.

PATRICIA Signifie "noble" ou "de noble lignée" et trouve son origine dans le latin "patricius", qui désignait à l'origine un citoyen romain de haut rang.

PAULA D'origine latine et signifie "petite" ou "modeste".

PAULINE Signifie "petite" en latin et vient du prénom Paul, qui signifie "petit" également.

PENDA Signifie "celle qui étend son royaume" en langue peule et trouve son origine dans la tradition africaine.

PÉNÉLOPE Signifie "tisserande" en grec ancien et tire son origine de la mythologie grecque, où Pénélope est la femme d'Ulysse.

PERLA Signifie "perle" en italien et en espagnol. Son origine remonte à l'utilisation de ce mot comme prénom au Moyen Âge, en référence aux perles précieuses.

PERLE D'origine hébraïque et fait référence à la précieuse gemme nacrée, symbolisant la pureté, la beauté et la rareté.

PERRINE Signifie "rocher" en grec et est dérivé du prénom Pierre. Il est notamment porté en France et en Belgique.

PEYTON D'origine anglo-saxonne et signifie "ville du guerrier".

PHILIPPA Signifie "amie des chevaux" et est d'origine grecque.

PHILIPPINE Signifie "originaire des Philippines" et trouve son origine dans le nom du pays d'Asie du Sud-Est.

PHILOMÈNE D'origine grecque, signifie "aimant la société" ou "amie des arts".

PHOEBE Signifie "brillante" en grec ancien et trouve son origine dans la mythologie grecque, où Phoebe était une déesse de la Lune et de la prophétie.

PIA Signifie "pie" en italien et "pieuse" en espagnol et en suédois. Il tire son origine du prénom latin Pius et était souvent donné aux filles nées pendant la période de la Renaissance italienne.

POLINA D'origine russe, signifie "petite pierre" ou "petit rocher".

PRINCESSE Le prénom "Princesse" est un prénom féminin qui fait référence à la royauté et qui provient du titre honorifique accordé aux filles de souverains dans les pays monarchiques.

PRISCILLE Signifie "ancienne" en latin et tire son origine du nom Priscilla, qui était une noble romaine et une disciple de l'apôtre Paul.

PRIYA Signifie "aimée" ou "chérie" en sanskrit et il est d'origine indienne.

PRUNE Signifie "la prune" en français et il provient du nom du fruit provenant de l'arbre du même nom.

QUEEN Signifie "reine" en anglais et il est d'origine anglo-saxonne.

QUITTERIE Signifie "paix" et trouve son origine dans le prénom espagnol "Quiteria", qui est dérivé du latin "Quirites" signifiant "citoyens romains".

RABOUAN D'origine bretonne et signifie "celui qui vient de Rivoalen", faisant référence à un lieu-dit en Bretagne.

RACHA Signifie "repos" ou "sérénité" en hébreu, et il est d'origine hébraïque.

RACHIDA Le prénom RACHIDA vient de l'arabe et signifie "la bien guidée".

RACHIMA Signifie "celle qui pardonne" en arabe et est d'origine musulmane.

RACHKA D'origine slave et signifie "joie" ou "bonheur".

RACHMA D'origine arabe et signifie "miséricorde" ou "compassion".

RAHIMA Signifie "miséricorde" en arabe et est d'origine musulmane.

RAHMA Signifie "miséricorde" en arabe et trouve son origine dans la tradition musulmane.

RAÏCHA Signifie "princesse" ou "reine" en hébreu, et il a des origines russes.

RAÏKA Signifie "la reine" en tchèque et trouve son origine dans les pays de l'Est de l'Europe.

RAÏNA D'origine bulgare et signifie "reine".

RAISA Signifie "facilité, aisance" et trouve son origine dans la langue arabe.

RAÏSSA Signifie "princesse" en russe et a été popularisé en Europe de l'Est grâce à l'influence de la princesse russe Raïssa Troubetskaïa.

RAÏZA D'origine russe et signifie "rose".

RAMATA D'origine africaine et signifie "la grâce de Dieu".

RAMATOU Signifie "celle qui est comblée de bénédictions" et trouve son origine dans la culture haoussa, principalement présente en Afrique de l'Ouest.

RAMATOU LAYE Signifie "la miséricorde de Dieu" en langage Peul et est d'origine africaine.

RAMNA Signifie "joyeux" et il a des origines arabes.

RANIA Signifie "la douce, l'agréable" et trouve son origine dans la langue arabe.

RANYA Le prénom Ranya vient de l'arabe et signifie "belle, gracieuse".

RAPHAËLLA D'origine hébraïque et signifie "Dieu a guéri".

RAPHAËLLE D'origine hébraïque et signifie "Dieu a guéri".

RASHA Signifie "paix" en arabe et trouve son origine dans la culture arabo-musulmane.

RASMINA D'origine arabe et signifie "belle comme un diamant".

RAYA Le prénom Raya a une signification multiple, mais il est généralement interprété comme "reine" ou "étincelle de lumière". Son origine peut être hébraïque, russe ou bulgare.

RAYANA Signifie "Reine de la lumière" et trouve son origine dans la culture arabe.

RAYHANA D'origine arabe et signifie "sentir bon" ou "avoir une odeur agréable".

RAYMINA Le prénom RAYMINA est un prénom féminin d'origine arabe qui signifie "celle qui éclaire le chemin" ou "guide dans les ténèbres".

RAYNA Signifie "reine" et a des origines slaves.

RAZANE D'origine arabe et signifie "élégance" ou "raffinement".

REBECA Le prénom Rebeca vient de l'hébreu "rivqah" et signifie "lien, attacher". Il est également associé à Rebecca, une figure biblique, épouse d'Isaac et mère de Jacob et d'Ésaü.

REBECCA D'origine hébraïque et signifie "servante de Dieu".

REFAELI Signifie "Dieu guérit" en hébreu et son origine est biblique.

REHEMA Signifie "miséricorde" en swahili et il est d'origine africaine.

RHÉANE Signifie "fille de Zeus" et trouve son origine dans la mythologie grecque.

RHITA D'origine arabe et signifie "noble" ou "digne".

RIHANA Signifie "odorant" en arabe et provient également du dialecte swahili, où il

RIHEM D'origine arabe et signifie "pluie légère".

RIM D'origine arabe et signifie "l'élevée, la grande".

RINA D'origine hébraïque et signifie "joyau" ou "pierre précieuse".

RINED Signifie "celui qui est pur" et trouve ses origines dans la culture germanique.

RITA Signifie "perle" en espagnol et en italien, et il a des origines hébraïques.

RITAJ D'origine arabe et signifie "sourire" ou "joie".

RITAL Le prénom RITAL est une contraction du mot "Italien" et fait référence à une personne d'origine italienne ou ayant des origines italiennes.

RITEJ D'origine inconnue, n'a pas de signification spécifique.

RITEL D'origine malgache et signifie "étoile brillante".

RIVKA Signifie "lien" en hébreu, et il est d'origine biblique.

RODAYNA D'origine arabe et signifie "le jardin des paradis".

ROIHAMA Signifie "femme lumineuse" ou "femme rayonnante" en malgache et il est d'origine malgache.

ROIHMA Signifie "bénie" en arabe et son origine est arabe également.

ROKIA Signifie "bénie" en arabe et trouve son origine dans la culture africaine et musulmane.

ROKYA Signifie "vision" ou "visionnaire" et trouve son origine dans la langue arabe.

ROMAISSA Signifie "la jolie" en arabe et il est d'origine musulmane.

ROMIE D'origine latine et signifie "romaine" ou "habitante de Rome".
ROSALIA Signifie "rose" en référence à la fleur, et il est d'origine latine.
ROSELINE Signifie "petite rose" et il est d'origine germanique.
ROSIE Le prénom "Rosie" est un diminutif du prénom "Rose" et signifie "petite rose". Son origine provient du prénom latin "Rosa".
ROSY D'origine latine et signifie "rose".
ROUCHDA Signifie "guidée" en arabe et trouve son origine dans la culture musulmane.
ROUKAYA D'origine arabe signifie "qui a de grands yeux" et est principalement porté dans les pays arabes.
ROUKIA D'origine arabe qui signifie "calme" ou "sereine".
ROXANE Signifie "l'aube" en perse et il trouve son origine dans la mythologie grecque avec la Reine Roxane, épouse d'Alexandre le Grand.
ROXANNE Signifie "aube" ou "lumière de l'aube" en persan et trouve son origine dans la mythologie perse, notamment dans le personnage de Roxane, épouse d'Alexandre le Grand.
ROZA Signifie "rose" en polonais et en russe, et il est dérivé du prénom latin Rosa.
ROZENN Le prénom ROZENN est un prénom breton d'origine celtique, signifiant "rose blanche".
RUTH Signifie "compagnie" en hébreu et trouve son origine dans le livre biblique de Ruth.
RYM Signifie "la compagne" en arabe, et il est d'origine arabe également.
SABRINA Signifie "fille du fleuve" et trouve son origine dans la mythologie celtique.
SABRINE Le prénom Sabrine vient de l'arabe et signifie "patience" ou "endurance".
SADIYA Signifie "heureuse" ou "bienheureuse" en arabe et il est d'origine arabe.
SADJIDA Signifie "celle qui se prosterne" en arabe et est d'origine musulmane.
SAFAA Signifie "pureté" ou "clarté" en arabe et trouve son origine dans la culture musulmane.
SAFAE Signifie "purement" en arabe et trouve son origine dans la culture musulmane.
SAFIA D'origine arabe qui signifie "pure" ou "sincère".
SAFIATOU Signifie "celle qui est pure" en arabe et est d'origine africaine, principalement utilisé dans les pays tels que le Mali ou le Bénin.
SAFINA Le prénom Safina a une origine arabe et signifie "belle, sereine, calme".
SAFIYA Signifie "pure" ou "intègre" et est d'origine arabe.
SAFIYAH Signifie "pure" ou "intègre" en arabe et trouve son origine dans la culture musulmane.
SAFYA D'origine arabe et signifie "pure" ou "claire".
SAÏDA Signifie "heureuse, comblée" en arabe et provient de la culture musulmane.
SAÏNA Signifie "tendre" ou "belle" et est d'origine africaine, notamment utilisé dans les pays d'Afrique de l'Ouest.
SAÏRA D'origine arabe qui signifie "qui veille sur ceux qui sont chers" ou "qui prend soin des autres".
SAJA Signifie "honneur" en arabe et il est d'origine arabe.
SAJDA Le prénom SAJDA a une origine arabe et signifie "prosternation" ou "adoration" en référence à l'action de se prosterner devant Dieu lors de la prière dans la religion
SAKINA Signifie "paix" en arabe et trouve son origine dans l'islam.
SALAMATA D'origine africaine et signifie "la paix".
SALIMA Signifie "saine et indemne" en arabe et trouve son origine dans la culture musulmane.
SALIMATA D'origine africaine et signifie "paix" ou "qui apporte la paix".
SALIMATOU Signifie "celle qui est en bonne santé" en guinéen et est d'origine africaine.
SALMA Signifie "saine" ou "intacte" et a des origines arabes.
SALSABIL D'origine arabe et signifie "source du paradis" ou "rivière du paradis".
SALWA Signifie "réconfort" en arabe et trouve son origine dans la culture arabe.
SAMIA Signifie "élevée, sublime" et trouve ses origines dans les cultures arabes.
SAMINA D'origine arabe et signifie "précieuse perle".
SAMIRA Signifie "celle qui est agréable et divertissante" en arabe et trouve ses origines dans la culture musulmane.

SAMRA D'origine arabe qui signifie "de couleur sombre" ou "brune".
SANAA Signifie beauté éclatante en arabe et est d'origine africaine.
SANAYA D'origine perse qui signifie "doux" ou "aimé".
SANDJANA D'origine polynésienne et signifie "flamme du soleil".
SANDRA Signifie "défense de l'humanité" en grec et trouve son origine dans le prénom Alexandre.
SANDRINA Le prénom SANDRINA est un diminutif féminin du prénom Alexandre, d'origine grecque, signifiant "défenseur de l'humanité".
SANDRINE Prénom féminin d'origine grecque, Sandrine signifie "défenderesse de l'humanité".
SANIA Signifie "éclat" ou "brillante" en arabe et il est d'origine persane.
SANTA D'origine espagnole et est généralement une diminution du prénom Santiago, qui signifie "Saint-Jacques".
SANYA Signifie "la beauté" en russe et il est également d'origine russe.
SAOUDA Signifie "heureuse" en arabe et trouve son origine dans les pays arabophones.
SAPHIA D'origine arabe et signifie "précieuse" ou "trésor".
SARATA D'origine africaine et signifie "celle qui illumine".
SASKIA Signifie "protectrice des guerriers" et trouve son origine en Allemagne, aux Pays-Bas et en Scandinavie.
SAVANNAH Signifie "la plaine" en tswana et trouve son origine en Afrique australe.
SAWDA Signifie "noir" en arabe et trouve son origine dans la tradition musulmane.
SAYANA Signifie "douceur" et trouve son origine dans la culture indienne.
SCARLETT Signifie "rouge vif" ou "écarlate" et trouve son origine dans le mot anglais "scarlet".
SÉLÉNA Signifie "lune" en grec et en latin, et il est d'origine grecque.
SÉLÈNE Signifie "lune" en grec. Son origine remonte à la mythologie grecque où Sélène était la déesse de la lune.
SELIMA D'origine arabe qui signifie "sûre d'elle" ou "calme".
SÉLINA Signifie "brillante" ou "lumineuse" et vient du prénom grec Selene, qui est associé à la déesse de la Lune dans la mythologie grecque.
SELMA Signifie "sûre de soi" et provient du terme germanique "selm" qui
SÉRAPHINE Signifie "ardente" ou "enflammée" et trouve son origine dans la tradition chrétienne, en référence aux anges de la hiérarchie céleste appelés "les séraphins".
SÉRÉNA Signifie "sereine" et a une origine latine.
SETA Signifie "fleur de soie" en turc et a des origines turques.
SEYANA Signifie "protégée" en arabe et est d'origine arabe.
SEYNABOU D'origine arabe et signifie "la majestueuse, la noble".
SHADEN Signifie "joie" en arabe et trouve son origine dans la culture arabe.
SHAËLY D'origine américaine et signifie "guerrier".
SHAÏLY Signifie "beauté" en hébreu et est d'origine israélienne.
SHAÏNA Signifie "belle" en hébreu et trouve son origine dans la langue yiddish.
SHAÏNEZ D'origine arabe et signifie "beauté radieuse" ou "charme éblouissant".
SHANA Signifie "beauté" en irlandais et il est d'origine hébraïque.
SHANAËLLE Signifie "grâce de Dieu" et est d'origine hébraïque.
SHANDRANY D'origine tamoule et signifie "charmante et gracieuse".
SHANICE Signifie "Dieu est miséricordieux" en hébreu et il est d'origine américaine.
SHANNA Signifie "beauté" et trouve son origine dans la culture irlandaise.
SHAYANNA Signifie "beauté spirituelle" et est d'origine américaine, dérivé du prénom Shyanne.
SHAYNA Signifie " belle " ou " gracieuse " et trouve son origine en hébreu.
SHAYNEZ Signifie "belle" en arabe et est principalement utilisé dans les pays du Maghreb.
SHEINDEL D'origine yiddish et signifie "petite belle".
SHELBY Signifie "abri" ou "belle demeure" et trouve son origine dans le nom d'un lieu en Angleterre.

SHELLY D'origine anglo-saxonne et signifie "prairie".

SHERAZADE Signifie "celle qui est libre, délivrée" et trouve son origine dans le conte des "Mille et une nuits" où Sherazade est la protagoniste qui raconte chaque nuit des histoires pour échapper à la mort.

SHERINE D'origine arabe et signifie "douceur" ou "douce".

SHERYNE Signifie "lumière" en arabe et il est d'origine orientale.

SHIREL Signifie "mon chant" en hébreu et est d'origine hébraïque.

SHIRLEY Signifie "clairière lumineuse" et il est d'origine anglaise.

SHIVANI Signifie "celle qui est liée à Lord Shiva" en sanskrit et est d'origine indienne.

SHIVANY D'origine indienne et signifie "celui qui appartient au Seigneur Shiva".

SIA Signifie "victorieux" en persan et il est d'origine iranienne.

SÏANA Signifie "princesse" en breton et trouve son origine dans la mythologie celtique.

SIANNA D'origine grecque et signifie "grâce de Dieu".

SIARA Signifie "princesse" et provient de l'Inde.

SIBYLLE Signifie "prophétesse" et est d'origine grecque.

SIDRA Signifie "celle qui vient des étoiles" et trouve son origine dans la culture arabe.

SIENA Le prénom SIENA a une origine italienne et signifie "la ville de Sienne".

SIENNA Signifie "terre brûlée" en italien et a été popularisé par l'actrice américaine Sienna Miller.

SIGA Signifie "guerrier" en langue Bambara et provient de la culture africaine.

SIHEM Signifie "qui fait sourire" en arabe, et il est d'origine tunisienne.

SILA Signifie "ce qui est sacré" en langue amérindienne et est d'origine amérindienne.

SILYA Signifie "qui vient de Sylésie" et a une origine polonaise.

SIMAY Signifie "ciel" en turc et il est d'origine turque.

SIMINA Signifie "épée" en roumain et sa provenance est incertaine, il pourrait être dérivé du prénom latin "Simon" ou du prénom hébreu "Shim'on".

SIRA D'origine arabe et signifie "vie, monde" en référence à la vie et à l'existence.

SIRINE Signifie "oiseau chanteur" en arabe et trouve son origine dans la mythologie arabe où Sirine était un oiseau légendaire doué d'une voix mélodieuse.

SIXTINE Signifie "qui appartient à la Sixième" en référence à la sixième journée de la création selon la Bible, et il a une origine latine.

SIYANA D'origine bulgare et il signifie "magnifique" ou "belle".

SOAZIG Signifie "princesse" en breton et est une forme diminutive du prénom breton Soaz.

SOFIA Signifie "sagesse" en grec et trouve son origine dans le mot grec "sophia".

SOFYA Signifie "sagesse" ou "sage" et a des origines russes et hébraïques.

SOJOUD Signifie "vénération" en arabe et est d'origine musulmane.

SOKHNA D'origine sénégalaise et signifie "dame" ou "noble".

SOKONA Signifie "celui qui apporte la joie" et a des origines africaines, principalement maliennes.

SOLEDAD Signifie "solitude" en espagnol et trouve son origine dans la culture hispanique.

SOLÈNE Signifie "qui vient du soleil" et puise ses origines dans la langue gauloise.

SOLINE Signifie "soleil" et est d'origine celte.

SOLYNE Signifie "lumière du soleil" et trouve son origine dans les langues grecques et latines.

SONIA Signifie "sagesse" ou "sagesse de Dieu" en arabe et il est d'origine persane.

SOPHIA Signifie "sagesse" et a des origines grecques.

SORAYA Signifie "princesse" en persan et il trouve son origine dans la langue arabe.

SOUJOUD Signifie "prosternation" en arabe et est d'origine musulmane.

SOUKAÏNA Signifie "noble" ou "illustre" en arabe et trouve son origine dans la culture arabo-musulmane.

SOUKAYNA Signifie "qui a une belle allure" et a une origine arabe.

SOUKEINA D'origine arabe et signifie "calme" ou "sereine".

SOUKEYNA Signifie "qui ressemble à la lune" en arabe et trouve son origine dans la culture musulmane.

SOUMAYA Signifie "obscurité de la nuit" en arabe et il est d'origine arabe.
SOUMAYAH Signifie "élevée, exaltée" et trouve son origine dans l'arabe.
SOUMEYA Signifie "élevée, distinguée" en arabe et trouve son origine dans la culture musulmane.
SOUNDOUS Signifie "rose" en arabe et il est d'origine arabe.
SOUNDOUSS D'origine arabe qui signifie "jasmin" ou "fleur de jasmin" et il est généralement utilisé pour désigner les filles.
SOUNKAMBA Signifie "celui qui apporte la paix" en langue bamanan du Mali, et il est généralement donné aux garçons.
SOURAYA Signifie "l'étoile" en arabe et son origine est orientale.
STELLA Signifie "étoile" en latin et a possibilité d'avoir une origine italienne.
STERENN Signifie "étoile" en breton et provient de la culture celtique.
SUMMER Signifie "été" en anglais et son origine est anglaise.
SUZANE Signifie "lys" en hébreu et trouve ses origines dans la culture biblique.
SUZIE Le prénom SUZIE est une forme anglicisée du prénom français "Suzanne" qui vient de l'hébreu "Shoshanah" signifiant "lien" ou "rose".
SUZY D'origine hébraïque et signifie "Lys", symbolisant la pureté et la beauté.
SYANA D'origine indienne et signifie "la protection" ou "la gardienne".
SYANNA D'origine amérindienne et signifie "bénie par le soleil".
SYBIL Signifie "voyante" ou "prophétesse" et il a une origine grecque.
SYBILLE Signifie "la femme qui prophétise" et a des origines grecques.
SYHEM D'origine arabe et signifie "étoile brillante".
SYLIA Signifie "forêt" et a une origine latine.
SYRA Signifie "sœur" en arabe et tire son origine de la culture arabe.
SYRINE Signifie "lys" et trouve son origine dans la mythologie grecque, où Syrinx était une nymphe transformée en roseau pour échapper au dieu Pan.
TACKO Signifie "premier-né" en wolof, une langue parlée en Afrique de l'Ouest, notamment au Sénégal.
TAHEL Signifie "lumière de Dieu" en hébreu et tire son origine de la culture biblique.
TAHIRA Signifie "pure" en arabe et trouve son origine dans la culture musulmane.
TAÏNA D'origine polynésienne et signifie "étoile", symbolisant la beauté et la luminosité.
TAÏSSA D'origine russe et signifie "la magnifique" ou "la belle".
TALI D'origine hébraïque et signifie "rosée du matin".
TALIA La signification du prénom Talia est "rosée de Dieu" et il a des origines hébraïques.
TALINE Signifie "fleur éclatante" et trouve son origine en Arménie.
TALIYAH Signifie "matinée" en arabe et il a des origines arabes.
TALYA D'origine hébraïque et signifie "rosée de Dieu".
TAMARA Signifie "palmier" en hébreu et il est d'origine biblique, apparaissant dans l'Ancien Testament.
TANIA Signifie "fée" ou "princesse" et a des origines russes ou ukrainiennes.
TANYA D'origine russe et signifie "digne de louange".
TARA Signifie "étoile" en sanskrit et il trouve son origine dans la culture hindoue.
TASLIMA Signifie "paix, salutation" en arabe et il a des origines musulmanes.
TASMINE D'origine arabe et signifie "jumeau" ou "jumelle".
TASNEEM Signifie "source fraîche et pure" en arabe et tire son origine de l'islam.
TASNÎM Signifie "source ou fontaine paradisiaque" en arabe et trouve son origine dans l'islam, étant associé au paradis dans la mythologie musulmane.
TASNIME Signifie "source d'eau fraîche" en arabe et il est d'origine arabe.
TATIANA Signifie "reine" et trouve son origine dans le prénom latin Tatius, issu du nom d'un roi des Sabins dans la mythologie romaine.
TAYNA D'origine africaine et signifie "celle qui brille, éclatante".
TAYRA Signifie "celle qui est forte et puissante" et trouve son origine dans la langue amérindienne des Tupi-Guarani.

TÉA Signifie "déesse" et trouve son origine dans les langues slaves et grecques.
TEEYAH D'origine africaine et signifie "étoile" ou "fille précieuse".
TEHILLAH D'origine hébraïque et signifie "louange" ou "chant de louange".
TELMA Signifie "protection divine" et a des origines germaniques ou grecques.
TENIN Le prénom TENIN vient du mandingue et signifie "courage" ou "brave".
TEODORA Signifie "don de Dieu" et est d'origine grecque.
TERESA Signifie "récolte" et trouve son origine dans le prénom grec Thérèse, lui-même dérivé du prénom thrace Thrasyllis.
TESNÎM Signifie "source de vie éternelle" en arabe et il est d'origine orientale.
TESNIME D'origine arabe et signifie "la source d'eau pure".
TESNYM D'origine kazakhe et signifie "offrande" ou "cadeau".
TESS D'origine anglaise et est une diminutive du prénom Theresa, signifiant "chasseur" ou "harvester" en grec.
TÉSSA D'origine grecque et signifie "chasseuse".
TESSNIME Signifie "félicité" et trouve son origine dans la culture arabe.
THAÏNA Signifie "née sur les terres de la Thaïlande" et trouve ses origines dans la culture thaïlandaise.
THALÏA Signifie "la joyeuse" en grec ancien et trouve son origine dans la mythologie grecque en tant que l'une des neuf muses, symbole de la comédie et de la poésie.
THALIE Signifie "fleur", il trouve son origine dans la mythologie grecque où Thalie était l'une des neuf muses, symbole de la comédie et de la poésie pastorale.
THALYA D'origine grecque et signifie "celle qui est prospère" ou "la fleur qui s'épanouit".
THANINA Signifie "la fille du serpent" en kabyle et il est d'origine berbère.
THÉA Signifie "goddess" en grec et il provient du terme "theos" qui
THELMA Signifie "volonté" ou "celle qui désire" et trouve son origine dans la mythologie grecque avec le personnage de Thelma, une nymphe au fort caractère.
THÉODORA Signifie "don de Dieu" et a une origine grecque.
THESSA D'origine grecque et signifie "chasseuse".
THIZIRI Signifie "lumière de la lune" en kabyle et trouve son origine dans la culture berbère en Algérie.
THYA D'origine grecque et signifie "fleur parfumée".
TIA Signifie "princesse" et trouve son origine dans la culture grecque.
TIFFANY D'origine grecque et signifie "manifestation de Dieu" ou "apparition divine".
TIGUIDA Signifie "la chance" en peul et provient de la culture africaine.
TIGUIDANKE D'origine africaine qui signifie "celle qui apporte la joie" ou "celle qui rend heureux".
TILDA Signifie "puissant au combat" et est d'origine germanique.
TINA D'origine grecque et signifie "fille".
TOSCANE Signifie "originaire de Toscane" et trouve son origine dans la région du même nom en Italie.
TOULINE D'origine russe et signifie "paix" ou "calme".
TYA Signifie "fille qui apporte la joie" et est d'origine persane.
TYANA Signifie "celle qui vient de Tyanie". Il trouve son origine dans la mythologie grecque, où Tyanie était une ville antique située en Cappadoce, en Asie Mineure.
TYLIANA D'origine ukrainienne et signifie "calme" ou "paix intérieure".
UHAINA D'origine basque, signifiant "vague" ou "océan".
UMA Signifie "la lumière du matin" et trouve son origine dans la culture hindoue où il est associé à la déesse Parvati, l'épouse de Shiva.
UXUE Le prénom basque "Uxue" signifie "dove" en français et trouve son origine dans les traditions et cultures de la région du Pays basque en Espagne.

VAÏANA Signifie "eau claire" en polynésien et est d'origine tahitienne.

VALENCIA Signifie "force" ou "vaillance" et trouve son origine dans la ville de Valence, en Espagne.

VALENTINA D'origine latine qui signifie "forte" ou "vaillante".

VALENTINE Signifie "vaillante" ou "pleine de force" et a des origines latines.

VALERIA Signifie "force" ou "valeur" et tire ses origines du latin.

VANESA D'origine grecque et signifie "butterfly" ou "papillon" en anglais.

VANESSA Signifie "papillon" et trouve son origine dans le roman "Cadenus and Vanessa" écrit par Jonathan Swift au XVIIIe siècle.

VÉRA Signifie "vraie" en russe et trouve son origine dans la forme russe du prénom Véronique.

VERONICA Signifie "vraie image" ou "vraie icône" et son origine remonte à la tradition chrétienne, faisant référence à une femme pieuse qui aurait essuyé le visage de Jésus sur le chemin de la croix.

VICTORIA Signifie "victoire" en latin et il est d'origine romaine.

VIKTORIA D'origine russe et signifie "victoire".

VIOLETTE D'origine française, signifie "fleur violette" et évoque la délicatesse et la douceur.

VITTORIA Signifie "victoire" en italien et trouve son origine dans la langue latine.

WALIYA D'origine arabe et signifie "celle qui est protégée et aimée par Dieu".

WARDA Signifie "fleur" en arabe et trouve son origine dans la culture arabophone.

WASSILA Signifie "vertueuse" en arabe et trouve son origine dans la culture musulmane.

WASSILAH Signifie "connexion" en arabe et est d'origine arabe.

XANA Signifie "gracieuse" et trouve son origine dans la culture basque.

XANE Signifie "noble" et trouve son origine dans la langue basque.

YACOUT Signifie "joyau" en arabe et son origine remonte à la culture arabe traditionnelle.

YAËLI Signifie "lumière de Dieu" en hébreu et trouve son origine dans la religion juive.

YAËLLE Le prénom Yaëlle a une signification biblique "chèvre montagnarde" et provient de l'hébreu ancien.

YAKOUT Signifie "rubis" en arabe et trouve son origine dans la culture musulmane, où il est souvent attribué aux filles en référence à la beauté et à la préciosité de cette pierre

YAMINA Signifie "droite, honnête" et trouve son origine dans la langue arabe.

YAMNA D'origine arabe et signifie "béni" ou "prospère".

YANA Signifie "Dieu est miséricordieux" et trouve son origine dans la culture slave.

YANISSA D'origine arabe et signifie "gracieuse" ou "élégante".

YARA Signifie "butterfly" (papillon) en arabe, et il est d'origine brésilienne.

YASMINA Signifie "jasmin" en arabe et trouve ses origines dans la culture arabe et persane.

YASNA Signifie "culte" en persan et a une origine iranienne.

YASRA Signifie "prospère" ou "riche" en arabe, et il a une origine arabe.

YASSMINE D'origine arabe, signifiant "jasmin" en référence à la fleur parfumée et symbole de beauté et de pureté.

YEIMY Signifie "cher(e)" en espagnol et tire son origine des prénoms hébraïques tels que Jamie ou Yael.

YELEEN Signifie "lumière" en langue bambara et est d'origine africaine.

YÉLÉNA Signifie "éclat du Soleil" en russe et a une origine slave.

YLÉANA Signifie "fille du soleil" et a une origine grecque.

YLIANA Signifie "belle fleur" et trouve ses origines dans les pays d'Amérique latine, notamment au Mexique.

YLONA Signifie "violet" et a des origines grecques.

YMANE D'origine arabe et signifie "foi" ou "croyance".

YNAÏA Signifie "nouvelle vie" et est d'origine basque.

YOSRA Signifie "prospère" en arabe et trouve son origine dans la culture et la religion musulmanes.

YOUMNA Signifie "béatitude" en arabe et il est d'origine arabe.
YOUNA D'origine bretonne et signifie "jeune fille au caractère fort".
YOUSNA D'origine arabe, signifie "belle, gracieuse" et est souvent attribué aux filles.
YOUSRA Signifie "facilité, réussite" en arabe et il trouve son origine dans le Coran, où il est mentionné comme un attribut divin lié à la facilité et à la capacité d'accomplir les choses avec succès.
YOUSSRA Signifie "fleur" ou "prospère" en arabe et trouve son origine dans la culture arabe.
YSÉ Signifie "la femme aux multiples qualités" et trouve son origine dans la mythologie celtique, notamment liée à la légende de la ville engloutie d'Ys.
YSÉE Signifie "femme aux multiples atouts" et trouve son origine dans la mythologie celtique.
YUMI Signifie "beauté abondante" en japonais et il est principalement utilisé au Japon.
YUMNA D'origine arabe, signifie "béni" ou "prospère".
YÜNA D'origine coréenne et signifie "abeille douce".
YUSRA Signifie "facilité" ou "soutien" et a une origine arabe.
YVANA D'origine slave et signifie "Dieu est miséricordieux".
YVANNA Le prénom Yvanna vient de l'origine slave et signifie "Dieu est miséricordieux".
ZAHARA D'origine hébraïque et signifie "fleur brillante".
ZAHRA Signifie "fleur" en arabe et trouve son origine dans la culture et la religion musulmane, étant également associé au titre honorifique de Hazrat Fatimah Zahra, fille du Prophète Mahomet.
ZAÏNA Signifie "beauté" en arabe et il est d'origine arabe.
ZAÏNAB Signifie "belle, ornée" en arabe et il est d'origine biblique.
ZAÏNABA Signifie "belle" ou "élégante" en arabe et est originaire des pays arabes.
ZAÏNABOU D'origine arabe qui signifie "belle et élégante".
ZAÏNEB Signifie "fleur de jasmin" en arabe et est d'origine tunisienne.
ZAKIA Signifie "pure" en arabe et son origine est issue de la culture musulmane.
ZARA Signifie "princesse" en hébreu et "fleur" en arabe. Il trouve son origine dans plusieurs cultures, notamment en Israël et dans les pays arabes.
ZARAH Signifie "fleur" en arabe et a une origine hébraïque.
ZARNA Signifie "petit ornement" en gujarati, une langue indienne.
ZAYA Signifie "victorieuse" en mongol et trouve son origine dans la culture mongole.
ZAYNA Signifie "beauté" en arabe et trouve son origine dans la culture musulmane.
ZAYNAB Signifie "belle et gracieuse" et trouve son origine dans la culture arabe et islamique.
ZAYNEB Signifie "belle et gracieuse" en arabe et il est d'origine tunisienne.
ZEHRA Signifie "lumineuse" en arabe et trouve son origine dans la culture turque.
ZEÏNA Signifie "belle" en arabe et il est d'origine orientale.
ZEÏNAB D'origine arabe et signifie "celle qui embellit" ou "belle fleur".
ZELDA Signifie "bataille" en allemand et il a des origines germaniques.
ZÉLIA D'origine grecque, signifie "la flamme de Dieu" ou "lumière de Dieu".
ZÉLIE D'origine bretonne qui signifie "celle qui est dévouée à Dieu".
ZÉLINA Signifie "lumière" et provient de l'arabe.
ZÉLY D'origine bretonne qui signifie "lumière" ou "éclat".
ZÉLYA Signifie "belle étoile". Son origine exacte est incertaine, mais il est souvent associé à l'Europe de l'Est ou au Moyen-Orient.
ZÉLYANA D'origine bulgare qui signifie "celle qui brille" ou "la lumineuse".
ZENAB Signifie "arôme délicieux" en arabe et a des origines arabes ou africaines.
ZEYNA Signifie "beauté" en arabe et il est d'origine africaine.
ZEYNAB D'origine arabe et signifie "belle et gracieuse", il est souvent donné en référence à Zaynab bint Ali, une figure importante de l'islam.
ZEYNEB Signifie "fleur du désert" en arabe et il est d'origine musulmane.
ZEYNEP Signifie "précieuse" ou "distinguée" en turc et trouve son origine dans la culture turque.

ZIMAL D'origine arabe et signifie "hiver" ou "froid".
ZINA D'origine arabe qui signifie "belle".
ZINEB D'origine arabe et signifie "l'éclat, la beauté".
ZITA Signifie "la petite fille" en hongrois et il est d'origine italienne.
ZOË Signifie "vie" et a une origine grecque.
ZOÉLIE D'origine grecque qui signifie "vie".
ZOEY Signifie "vie" dans la langue grecque et il est d'origine grecque.
ZOHRA Signifie "fleur" en arabe et il a des origines persanes.
ZORA D'origine slave et signifie "aube" ou "aurore".
ZOULAYHA Signifie "belle" en arabe et trouve son origine dans le personnage biblique de Zuleika, la femme de Putiphar qui est mentionnée dans le Coran.
ZOYA Signifie "vie" en russe. Il est d'origine slave.
ZÜMRA Signifie "émeraude" en turc et il est d'origine turque.

Les prénoms masculins.

AARON	Signifie "montagnard" et il a une origine hébraïque.
AARUSH	Signifie "premier rayon de soleil" en sanskrit et est d'origine indienne.
AATHIRAN	D'origine tamoule qui signifie "brillant, rayonnant".
ABASS	D'origine arabe et signifie "lion" ou "brave".
ABBAS	Le prénom Abbas vient de l'arabe et signifie "lion" ou "fier". Il a des origines principalement dans les pays arabes et musulmans.
ABD	Signifie "serviteur" en arabe et provient de la traduction arabe du mot "abd", qui est également utilisé pour désigner un serviteur religieux ou un esclave dans l'Islam.
ABDALLAH	D'origine arabe et signifie "serviteur de Dieu".
ABDEL	Signifie "serviteur de Dieu" et a une origine arabe.
ABDELKADER	Signifie "serviteur du Tout-Puissant" en arabe. Son origine remonte à l'époque de l'Islam, où il était porté par de nombreux hommes pieux et respectés.
ABDELLAH	ABDELLAH est un prénom masculin d'origine arabe qui signifie "serviteur de Dieu".
ABDERAHMANE	Signifie "serviteur du Miséricordieux" en arabe et trouve son origine dans la religion musulmane.
ABDERRAHMAN	D'origine arabe et signifie "serviteur clément de Dieu".
ABDERRAHMANE	Signifie "serviteur du Tout Miséricordieux" en arabe et est d'origine musulmane.
ABDOU	D'origine arabe et signifie "serviteur de Dieu" ou "adorateur de Dieu".
ABDOUL	Signifie "serviteur de Dieu" ou "serviteur du Tout-Puissant" et a une origine arabe.
ABDOUL-AZIZ	Signifie "serviteur puissant" en arabe et trouve ses origines dans la culture islamique.
ABDOUL-MADJID	Signifie "serviteur de l'honorable, du glorieux" et trouve ses origines arabes et musulmanes.
ABDOULAYE	Signifie "serviteur de Dieu" en arabe, et il trouve son origine dans la culture islamique.
ABDOULKARIM	Signifie "serviteur généreux" et a une origine arabe.
ABDOULLAH	Signifie "serviteur de Dieu" en arabe et trouve son origine dans l'Islam.
ABDOURAHMANE	Signifie "serviteur de la miséricorde" en arabe et trouve son origine dans l'Islam.
ABDOUROIHAMANE	Signifie "serviteur miséricordieux de Dieu" et est d'origine arabe.
ABDUL	Signifie "serviteur de Dieu" en arabe et est d'origine musulmane.
ABDULLAH	D'origine arabe et signifie "serviteur de Dieu".
ABEL	Signifie "souffle" en hébreu et il est d'origine biblique.
ABOU	Abou est un prénom masculin d'origine arabe, signifiant "père de" ou "ami de". Son origine remonte à l'époque pré-islamique et est couramment utilisé dans les pays arabes et musulmans.
ABOU-BAKR	D'origine arabe, signifie "le père de la jeune chamelle" et il fait référence à Abou Bakr, le compagnon du prophète Mahomet et premier calife de l'Islam.

ABOUBACAR Signifie "le père de Bakr" et a une origine arabe.

ABOUBAKAR Signifie "père de la jeunesse" en arabe et il est d'origine arabe.

ABOUBAKR Le prénom Aboubakr vient de l'arabe et signifie "le premier successeur" en référence à Abou Bakr, le compagnon du prophète Mahomet et premier calife de l'islam.

ABRAHAM Signifie "père d'une multitude" en hébreu et il trouve son origine dans la Bible, où il est le nom du premier patriarche de l'histoire d'Israël.

ABRIEL Le prénom ABRIEL fait référence à un homme courageux et protecteur d'origine hébraïque.

ABU Signifie "père de" en arabe et est généralement utilisé comme un surnom honorifique pour indiquer la paternité d'un individu.

ACHIL Signifie "blessé" en grec, et il est d'origine mythologique héritée de la légende d'Achille, le célèbre héros de la guerre de Troie dans la mythologie grecque.

ACHILLE Signifie "souplesse" en grec ancien et vient du héros de la mythologie grecque, connu pour sa force et sa bravoure lors de la guerre de Troie.

ACHRAF Signifie "nobles" et trouve son origine dans la culture arabe.

ADAM Signifie "homme" ou "être humain" et tire son origine du terme hébreu "adamah" qui

ADAMA D'origine africaine et signifie "fils de l'empereur" ou "celui qui risque sa vie pour les autres".

ADAME D'origine hébraïque et signifie "homme de la terre" ou "homme créé à partir de la terre".

ADAN D'origine hébraïque et signifie "homme" ou "terre rouge".

ADAR D'origine hébraïque, signifie "noble" ou "excellent".

ADEL Signifie "noble" ou "noble de naissance" et trouve son origine dans la culture arabe.

ADEM D'origine turque et signifie "homme de qualité" ou "homme distingué".

ADEN Signifie "paradis" en arabe, et il est d'origine yéménite.

ADHAN Le prénom Adhan a une signification incertaine mais provient probablement de l'arabe et est associé à l'appel à la prière dans la religion musulmane.

ADIL Signifie "juste" ou "équitable" en arabe. Il trouve ses origines dans la culture et la religion musulmane.

ADIS Signifie "celui qui est respecté" en bosniaque et est d'origine slave.

ADNAN Signifie "le père des pères" en arabe et il trouve son origine dans la culture arabe et musulmane.

ADNANE D'origine arabe et signifie "le serviteur dévoué à Dieu".

ADONIS Signifie "beau comme un dieu" et trouve son origine dans la mythologie grecque, où Adonis était un jeune homme d'une grande beauté aimé par la déesse de l'amour,

ADRIÀN Signifie "homme originaire d'Adria" et son origine est d'origine latine.

ADRIANN Signifie "homme originaire d'Adria" et trouve ses origines dans la région de l'Adriatique.

ADRIANO D'origine latine et signifie "originaire d'Adria" ou "sombre".

ADRIEL D'origine hébraïque et signifie "homme de Dieu".

ADRIEN Signifie "originaire d'Adria" et son origine est latine.

ADVIK Signifie "unique" en sanskrit et trouve son origine en Inde.

AEDEN D'origine irlandaise, signifie "petit feu" ou "brûlant", symbolisant la passion et l'énergie.

AËL D'origine hébraïque et signifie "rayon de lumière" ou "dieu est ma force".

AËLIG Signifie "lumineuse" et est d'origine bretonne.

AFRAHIM Signifie "miséricordieux" en arabe et trouve son origine dans la tradition religieuse musulmane.

AHARON Signifie "exalté" en hébreu et trouve son origine dans la Bible, faisant référence à Aaron, le frère de Moïse, connu pour être le premier grand prêtre d'Israël.

AHMAD Signifie "loué, digne d'éloges" et trouve son origine dans le prénom arabe Ahmed, dérivé du terme "hamid" signifiant "qui loue" ou "qui est digne de louanges".

AHMED D'origine arabe et signifie "le digne de louanges".
AHMET Signifie "très aimé" en turc et il est d'origine arabe.
AÏDAN D'origine gaélique et signifie "petit feu" ou "petit ardent".
AÏDEN Signifie "petit feu" et est d'origine irlandaise.
AÏMANE D'origine arabe et signifie "celui qui est béni par Dieu".
AIMÉ Signifie "aimé, chéri" et il a une origine latine, dérivé du mot amare qui
AÏSSA Signifie "Jésus" en arabe et il est d'origine coranique, faisant référence au prophète Isa (Jésus) dans l'islam.
AÏSSAM D'origine arabe et signifie "celui qui est protégé", "celui qui est en sécurité".
AKIL Signifie "intelligent" en arabe et sa provenance est d'origine arabe.
AKIVA Signifie "protégé de Dieu" en hébreu et trouve son origine dans la culture juive.
AKMAL Signifie "parfait" ou "complet" en arabe et a une origine arabe.
AKRAM Signifie "généreux" ou "plus noble" en arabe et trouve son origine dans la culture islamique.
AKSEL Signifie "fils de l'homme noble" et trouve son origine dans les pays nordiques, notamment en Norvège et en Finlande.
AKSIL D'origine kabyle et signifie "prospère" ou "riche".
ALAIN D'origine celtique et signifie "petit rocher" ou "harmonieux".
ALAN Signifie "rocher" en irlandais ancien et provient du prénom breton Alanus.
ALANE D'origine gaélique et signifie "petit rocher" ou "belle harmonie".
ALARIC Signifie "souverain de tous" et provient du nom germanique "Alareiks".
ALASSANE Signifie "le victorieux" en arabe et est d'origine africaine.
ALBAN Signifie "blanc" en latin et vient du nom de la ville d'Alba en Italie.
ALBERT Signifie "noble et brillant" en germanique, et il a des origines germaniques et anglo-saxonnes.
ALBERTO Signifie "noble et brillant" et il a une origine germanique.
ALBIN Signifie "blanc" ou "blond" en latin et trouve son origine dans l'ancien nom de famille romain "Albinus".
ALDO Signifie "ancien" en italien et tire son origine de l'allemand "Aldwin".
ALEC D'origine grecque et signifie "défenseur des hommes".
ALEJANDRO Signifie "défense de l'humanité" en grec ancien et est d'origine espagnole.
ALEK D'origine slave et signifie "défenseur de l'humanité".
ALEKSANDER Signifie "défenseur de l'humanité" et trouve son origine dans la culture slave et russe.
ALÈS D'origine grecque et signifie "homme valeureux".
ALESIU D'origine roumaine et signifie "protecteur".
ALESSANDRO Signifie "défenseur de l'humanité" et provient de l'italien, dérivé du prénom Alexandre d'origine grecque.
ALÉSSIO Signifie "défenseur" et provient de l'italien.
ALESSYO D'origine italienne et est dérivé du prénom Alessio. Il signifie "défenseur de l'humanité".
ALEX Le prénom ALEX est un diminutif d'Alexandre, d'origine grecque, qui signifie "protecteur de l'humanité".
ALEXANDER Signifie "protecteur des hommes" et trouve son origine dans la langue grecque grâce au roi macédonien du IVe siècle av. J.-C., Alexandre le Grand.
ALEXANDRE Signifie "protecteur de l'humanité" et trouve son origine dans la Grèce antique.
ALEXANDRU D'origine grecque et signifie "protecteur de l'humanité" ou "défenseur des hommes".
ALEXIO Signifie "protecteur" ou "défenseur du peuple" et trouve son origine dans la langue grecque.
ALEXIS D'origine grecque, signifie "protecteur" ou "défenseur de l'humanité".
ALEZIO D'origine grecque et signifie "qui protège, qui défend".
ALFRED Signifie "conseiller sage" et provient du vieux germanique "alf" (elfe) et "rêd" (conseil).
ALHASSAN Signifie "le beau" en arabe et provient de la culture islamique.

ALHASSANE D'origine arabe et signifie "le bon, le beau".

ALI Signifie "noble" ou "exalté" en arabe et a une origine musulmane, étant donné qu'il est associé au quatrième calife de l'islam, Ali ibn Abi Talib, considéré comme l'un des piliers de la religion.

ALIM Signifie "compatissant" en arabe et il a une origine arabe.

ALIOCHA D'origine russe et est souvent utilisé comme diminutif du prénom Alexandre. Il signifie "défenseur de l'humanité" ou "protecteur des hommes".

ALIOU D'origine arabe qui signifie "noble", "illustre" ou "exalté".

ALIOUNE Signifie "élevé par Dieu" et est d'origine africaine.

ALISTAIR D'origine gaélique et signifie "protecteur de l'homme", il est dérivé du prénom écossais Alasdair.

ALIX Signifie "noble" ou "de haute naissance" et trouve son origine dans les prénoms germaniques Alaric ou Adalric.

ALLAN D'origine gaélique et signifie "harmonieux" ou "joyeux".

ALLANDE Signifie "noble, vaillant" et trouve son origine dans la culture germanique.

ALMAMY Signifie "chef" ou "guide" en langue peule et il est d'origine africaine.

ALOÏS Signifie "guerrier célèbre" et il a une origine germanique.

ALON Signifie "chêne" en hébreu et trouve son origine dans la langue hébraïque.

ALONZO Signifie "noble" et trouve son origine dans la langue espagnole.

ALOYS D'origine allemande et signifie "illustre combattant".

ALPARSLAN Signifie "lion héroïque" en turc et provient du nom d'un célèbre sultan turc du XIe siècle, Alparslan.

ALPASLAN Signifie "glorieux lion" et est d'origine turque.

ALPHA Signifie "le premier" en grec et tire son origine de l'alphabet grec.

ALPHONSE Signifie "noble, prêt à combattre" et trouve son origine dans le germanique "adal" (noblesse) et "funsi" (prêt à combattre).

ALSENY Signifie "le bien-aimé" en guinéen, et il trouve son origine en Afrique de l'Ouest.

ALVARO Signifie "prudent" en espagnol et est d'origine basque.

ALVIN Signifie "ami noble" et trouve son origine dans l'ancien anglais.

ALY Le prénom ALY est un diminutif du prénom Alice d'origine grecque, signifiant "vérité" ou "noble".

AMADOU AMADOU est un prénom masculin d'origine africaine qui signifie "celui qui est digne de louange".

AMAËL Signifie "ange" en breton, et il trouve ses origines dans la culture celtique.

AMAL Signifie "espoir" en arabe et est d'origine arabe.

AMALDINE D'origine germanique et signifie "noble protectrice".

AMAN Signifie "paix" en hindi et provient du sanskrit.

AMANE Signifie "le souhait" en japonais et trouve son origine dans la culture japonaise.

AMANI Signifie "espoir" en swahili et trouve ses origines en Afrique de l'Est.

AMAR Signifie "aimé" en arabe et trouve son origine dans la culture musulmane.

AMARA Le prénom AMARA vient du terme arabe "amar" qui signifie "éternel" ou "immortel", il est souvent attribué aux personnes remplies de vitalité et d'énergie.

AMAURY Signifie "travailleur" en germains et il trouve son origine dans l'ancien germanique "amal" qui veut dire "dureté, travail" et "ric" qui

AMAYAS Signifie "celui qui est aimé" et a une origine berbère.

AMBDILLAH D'origine arabe et signifie "serviteur de Dieu".

AMBROISE Signifie "immortel" et vient du grec "ambrosios" qui

AMÉDÉE Le prénom Amédée vient du latin "Amadeus" qui signifie "aimé de Dieu". Il est traditionnellement attribué aux garçons et fait référence à la faveur divine.

AMEDI Signifie "qui est digne de confiance" en arabe et trouve son origine dans la culture musulmane.

AMIN Le prénom Amin vient de l'arabe et signifie "digne de confiance" ou "fidèle".

AMINE Signifie "digne de confiance" en arabe et est d'origine égyptienne.

AMIR Signifie "prince" en arabe et trouve son origine dans les pays du Moyen-Orient.

AMJAD D'origine arabe et signifie "le plus noble".

AMMAR Signifie "celui qui possède une longue vie" en arabe et trouve son origine dans la tradition musulmane.

ANAËL Signifie "grâce de Dieu" et son origine provient de l'hébreu.

ANAS D'origine arabe et signifie "qui aime et qui est aimé".

ANASS D'origine arabe et signifie "compagnon", "ami proche" ou "celui qui apaise".

ANASSE Signifie "roi" en hébreu et trouve son origine dans la culture biblique.

ANATOLE Signifie "qui est né à l'est" et trouve ses origines dans la Grèce antique.

ANDDE Le prénom ANDDE n'a pas de signification ou d'origine connue car il n'est pas répertorié comme un prénom courant dans différentes cultures ou langues.

ANDER Signifie "homme courageux" en basque et provient de la région du Pays basque, en Espagne.

ANDERSON Signifie "fils d'André" et a une origine anglaise.

ANDONI Signifie "précieux" ou "inestimable" en basque et il est dérivé du prénom grec Andreas, lui-même étant la forme grecque du prénom André.

ANDRÉ Signifie "homme courageux" en grec et il trouve son origine dans le prénom grec Andreas.

ANDRÉA D'origine grecque et signifie "viril, courageux".

ANDRÉAS D'origine grecque et signifie "viril" ou "homme courageux".

ANDREI D'origine russe et fait référence à une personne forte et virile.

ANDREW Signifie "fort, viril" et il est d'origine grecque.

ANDRIA Signifie "homme" ou "vaillant" et a une origine grecque.

ANDY Andy est un prénom mixte d'origine anglaise, initialement utilisé comme diminutif d'Andrew ou d'Andrea, qui signifie "courageux" ou "vaillant".

ANES D'origine arabe et signifie "compagnon, associé".

ANGE Signifie "messager céleste" et trouve son origine dans la tradition biblique et religieuse.

ANGE-MARIE Signifie "ange de Dieu" et est d'origine latine.

ANGEL Signifie "ange" et trouve son origine dans la langue espagnole et latine.

ANGÉLO Signifie "ange" en italien et a une origine latine.

ANGHJULU D'origine corse et signifie "ange" en corse.

ANIEL D'origine hébraïque et signifie "grâce de Dieu".

ANIL Signifie "vent" en sanskrit et provient de l'Inde.

ANIR Signifie "homme noble" ou "homme de haut rang". Il a des origines arabes.

ANIS ANIS est un prénom mixte d'origine arabe qui signifie "compagnon, intime".

ANISS Signifie "sympathique" ou "ami fidèle" en arabe et il a une origine arabe.

ANJARA D'origine malgache, signifie "étoile".

ANLI Signifie "aimée de Dieu" ou "celle qui est chère à Dieu" et il trouve son origine dans la langue turque.

ANRCHIDINE Le prénom ANRCHIDINE ne semble pas avoir de signification ou d'origine connue.

ANSELME Signifie "celui qui a une protection divine" et est d'origine germanique.

ANTHIME Signifie "qui fleurit" et tire son origine du grec ancien.

ANTHONY Signifie "inestimable" en latin et trouve son origine dans le grec "Anthónios" qui

ANTHYME Signifie "fleur parfumée" et tire son origine du grec ancien "ánthemon", qui désigne une fleur.

ANTOINE Signifie "inestimable" ou "précieux" et trouve ses origines dans la culture grecque et latine.

ANTOINE-JOSEPH D'origine française et combine les noms Antoine et Joseph pour signifier "précieux" et "accroissement", exprimant ainsi la valeur et la croissance de la personne qui le porte.

ANTON D'origine latine et signifie "inestimable" ou "inestimé".
ANTONE Signifie "inestimable" ou "précieux" et a des origines grecques.
ANTONIN D'origine latine et signifie "inestimable" ou "qui vaut de l'or".
ANTONIO Signifie "inestimable", "précieux" et trouve son origine dans la forme italienne du prénom latin Antonius.
ANTTON Signifie "inestimable" en basque et est dérivé du prénom français Antoine.
ANWAR Signifie "lumière" en arabe et provient également de la racine arabe "nwr", qui
AODREN Signifie "roi suprême" en breton et il trouve son origine dans la mythologie celte.
ARAS Signifie "aigle" en langue lituanienne et il a des origines baltes.
ARCHIBALD Signifie "quelqu'un de noble, courageux et audacieux" et trouve son origine en Angleterre.
ARCHIE D'origine germanique et signifie "véritable courage".
AREN Signifie "aigle" et trouve ses origines dans les pays nordiques.
ARÈS Signifie "le dieu de la guerre" en grec ancien et trouve son origine dans la mythologie grecque.
AREZKI Signifie "homme généreux" en berbère et trouve son origine dans les cultures kabyles du nord de l'Algérie.
ARI Signifie "lion" en hébreu et trouve son origine dans la tradition biblique, où il est porté par le roi de Juda.
ARIÉ Signifie "lion de Dieu" et a des origines hébraïques.
ARIEL Signifie "lion de Dieu" et est d'origine hébraïque.
ARIS Signifie "l'homme qui excelle" et a une origine grecque.
ARISH Signifie "celui qui est attentif" ou "prospère" et il a des origines arabes.
ARISTIDE D'origine grecque et signifie "qui est le meilleur".
ARITZ D'origine basque et signifie "chêne, force, puissance".
ARKAM D'origine arabe et signifie "noble" ou "honoré".
ARKAN Signifie "celui qui est solide" en arabe et trouve son origine dans la langue et la culture arabes.
ARKEN Le prénom ARKEN est un prénom masculin d'origine suédoise, signifiant "noble" ou "royal".
ARLO Signifie "fort, guerrier" et il est d'origine anglo-saxonne.
ARMAN Signifie "courageux" en persan et trouve son origine dans la Perse antique.
ARMAND D'origine germanique, signifie "homme fort" ou "soldat puissant".
ARMEL Signifie "ours courageux" et trouve son origine dans la culture celtique.
ARMIN Signifie "homme noble" en germanique et trouve son origine dans les anciens peuples germaniques.
ARNAUD Signifie "fort comme un aigle" et est d'origine germanique.
ARNAV Signifie "océan" en sanskrit et trouve son origine en Inde.
ARNO Signifie "aigle" et est d'origine germanique.
ARON Signifie "fort" ou "exalté" et a des origines hébraïques.
ARONN Signifie "talentueux" et a une origine biblique, dérivant du nom hébreu "Aharon", faisant référence à Aaron, le frère de Moïse dans la Bible.
ARSEN Signifie "ours fort" et il a une origine persane.
ARSÈNE D'origine grecque, signifie "fort, viril" et est notamment associé au saint Arsène de Corfou, moine grec du IXe siècle.
ARSLAN Signifie "lion" en turc et est d'origine turque ou mongole.
ARTEM D'origine grecque et signifie "sain et complet", en référence à la déesse grecque de la chasse et de la nature sauvage, Artemis.
ARTHUR Signifie "ours courageux" et trouve son origine dans les anciennes légendes celtiques et bretonnes, notamment celle du roi Arthur.

ARTHUS Signifie "ours courageux" et a des origines celtiques et germaniques.

ARTUR Signifie "ours courageux" et trouve son origine dans les langues celtiques et germaniques.

ARVIN Signifie "ami des gens" et a des origines persanes.

ARY D'origine hébraïque, signifie "lion de Dieu" ou "lion puissant" et peut également être utilisé comme un diminutif d'Ariane.

ARYAN Signifie "noble" et tire son origine des langues indo-iraniennes, notamment du sanskrit. Cependant, il est important de mentionner que ce terme a été détourné pour promouvoir des idéologies racistes et suprémacistes, principalement associées au

ASAËL Signifie "Dieu a créé" en hébreu et il a des origines bibliques, notamment dans l'Ancien Testament.

ASAF D'origine hébraïque qui signifie "collectionneur" ou "récolte". Il est souvent attribué à des personnes qui ont un esprit indépendant et une forte volonté.

ASEN Signifie "aigle" en bulgare et provient de la langue slave.

ASHER Signifie "heureux" ou "béni" et a une origine hébraïque.

ASHWIN D'origine hindoue et signifie "cavalier ou victorieux".

ASLAM Le prénom ASLAM a une signification d'origine arabe qui fait référence à la soumission et à la paix envers Allah.

ASLAN Signifie "lion" en turc et il trouve son origine dans la culture turque et persane.

ASSANE D'origine arabe et signifie "celui qui pardonne" ou "miséricordieux".

ASSANI D'origine africaine et signifie "le deuxième enfant né après une série de filles".

ASSER Signifie "heureux, béni" et a une origine hébraïque.

ASSIL Signifie "sincère" ou "authentique" en arabe, il est d'origine arabe.

ASSIM Signifie "celui qui respecte et observe" en arabe. Son origine vient du monde arabe, où il est souvent utilisé pour exprimer le respect et la dévotion envers les enseignements religieux.

ASSIREM Signifie "étoile" en kabyle et il est d'origine berbère.

ATLAS Signifie "celui qui porte" en grec, et il tire son origine de la mythologie grecque où Atlas était un titan condamné à porter la voûte céleste sur ses épaules.

AUBIN Signifie "brillant" ou "blanc comme l'aube", et provient du latin "albus".

AUGUSTE Signifie "vénérable, majestueux" et trouve son origine dans le nom latin "Augustus", qui était un titre porté par les empereurs romains.

AUGUSTIN Le prénom Augustin vient du latin "Augustinus" qui signifie "vénérable" ou "respecté". Il est d'origine latine et il est souvent associé à Saint Augustin, un philosophe et théologien chrétien du 4ème siècle.

AUREL Signifie "d'or" et il est d'origine latine.

AURÈLE D'origine latine et signifie "d'or" ou "splendeur".

AURÉLIEN Signifie "d'or" en latin et son origine remonte à l'époque romaine.

AUSTIN Signifie "vénérable" et a une origine anglaise.

AUXENCE Signifie "victorieux" et a une origine grecque.

AVI D'origine hébraïque et signifie "mon père est une énigme".

AVIEL Signifie "mon père est Dieu" en hébreu et il est d'origine biblique.

AVRAHAM Signifie "père d'une multitude" et trouve son origine dans la tradition biblique hébraïque, étant le nom hébreu d'Abraham, le patriarche fondateur du peuple juif.

AVRAM D'origine hébraïque et signifie "père exalté" ou "père des multitudes".

AWEN Awen est un prénom mixte d'origine celtique qui signifie "inspiration" ou "écriture poétique".

AWS D'origine arabe et signifie "lion".

AXEL Signifie "père de la paix" et a des origines scandinaves.

AYAAN Signifie "éclairé" en somalien et a une origine africaine.

AYAM Signifie "les jours" en turc et trouve ses origines dans la langue turque.

AYAN Signifie "illuminé" ou "brillant" en turc et trouve son origine dans la culture turque et kurde.
AYANE Signifie "fleur colorée" en japonais et il est d'origine japonaise.
AYANN Signifie "cadeau de Dieu" et a des origines africaines.
AYAZ Signifie "neige" en turc et est d'origine turque.
AYDAN Signifie "petit feu" ou "petit flambeau" en turc, et il est d'origine turque.
AYDEN Signifie "feu" ou "petit feu" en turc. Il tire son origine de la langue turque.
AYDENN D'origine irlandaise et signifie "petit feu" ou "ardent".
AYDIN D'origine turque et signifie "clair, lumineux".
AYDINE Signifie "illumination" et trouve son origine dans la langue turque.
AYEL La signification du prénom AYEL est "la force de Dieu" et il tire son origine de l'hébreu.
AYEN D'origine turque et signifie "miroir" ou "reflet".
AYLAN Signifie "illustre" en arabe et il est d'origine turque.
AYLANE Signifie "belle fleur" en langue arabe et trouve son origine dans la culture arabe.
AYLANN D'origine bretonne et signifie "harmonie" ou "lieu de paix".
AYMAN D'origine arabe et signifie "bénédiction" ou "heureux".
AYMANE Signifie "bénédictions" en arabe et il est d'origine arabe.
AYMAR D'origine germanique et signifie "célèbre et puissant".
AYMEN D'origine arabe et signifie "béni" ou "favorisé".
AYMERIC D'origine germanique qui signifie "puissant chef".
AYOUB Signifie "celui qui revient vers Dieu" et a une origine arabe.
AYRON D'origine anglaise qui signifie "noble" ou "pacifique".
AYRONN D'origine anglaise et il signifie "gai et joyeux".
AYRTON Signifie "babyélite" et est d'origine anglaise.
AZAD D'origine perse et signifie "libre" ou "indépendant".
AZAËL D'origine hébraïque et signifie "Dieu a créé".
AZIZ Signifie "cher" ou "cher/séduisant" en arabe et il a des origines arabes.
AZLAN Signifie "lion audacieux" et a des origines malaises.
BABA Le prénom BABA vient de l'Afrique de l'Ouest et signifie "père" ou "grand-père" en yoruba.
BABACAR D'origine sénégalaise et signifie "le père est grand" en wolof.
BACHIR Signifie "celui qui annonce de bonnes nouvelles" et trouve son origine dans la culture arabe.
BADER Signifie "plein de lune" en arabe et il est d'origine arabe.
BADIS Signifie "celui qui est unique" en arabe et trouve ses origines dans la culture et l'histoire du Maghreb.
BADR D'origine arabe, signifiant "lune pleine brillante", symbolisant la luminosité et la beauté.
BAFODÉ Signifie "celui qui se réjouit" en guinéen et est d'origine mandingue.
BAKARI Signifie "prometteur" en swahili et tire ses origines de l'Afrique de l'Est.
BAKARY Signifie "fort" ou "puissant" en mandingue, et il est d'origine africaine.
BALAMINE D'origine africaine et signifie "celui qui est béni".
BALLA Le prénom BALLA a une signification incertaine mais son origine peut être malienne, nigérienne ou encore sénégalaise.
BALTHAZAR Signifie "protégé par Baal" et trouve son origine dans la tradition biblique, notamment dans l'histoire des rois mages qui ont apporté des cadeaux à Jésus.
BANGALY D'origine africaine et signifie "celui qui triomphe" ou "victorieux".
BAO Signifie "précieux" en chinois et trouve son origine dans la culture asiatique.
BAPTISTE Signifie "le baptisé" et trouve son origine dans la religion chrétienne, faisant référence à Jean-Baptiste, le prophète et cousin de Jésus, qui a baptisé Jésus dans le fleuve Jourdain.
BARNABÉ Signifie "fils de la consolation" en hébreu et trouve son origine dans la Bible.
BARTHÉLÉMY Signifie "fils de Tholomée" et est d'origine biblique, provenant de l'apôtre Barthélémy mentionné dans le Nouveau Testament.

BASIL	Signifie "rois", il a une origine grecque et est dérivé du nom Vasilios, qui était un titre utilisé pour désigner les souverains byzantins.
BASILE	Signifie "roi" en grec et trouve son origine dans la Grèce antique.
BASTIAN	D'origine germanique et signifie "homme de combat".
BASTIEN	D'origine grecque et signifie "vénérable" ou "consacré à Saturne".
BATISTE	Signifie "celui qui est baptisé" et trouve son origine dans le prénom biblique Jean-Baptiste, qui était le cousin de Jésus et est considéré comme le précurseur du
BATTISTU	Le prénom "Battistu" est un prénom corse qui signifie "baptiste" en français. Il tire son origine du prénom biblique Jean-Baptiste.
BAUDOUIN	Signifie "audacieux" et provient du germanique "Baldwin", qui
BAYE	D'origine sénégalaise et signifie "père" ou "chef de famille" en wolof.
BEN	Signifie "béni" ou "fils de", et vient de l'hébreu.
BENJAMIN	Signifie "le fils de ma main droite" en hébreu et trouve son origine dans la Bible, où Benjamin est le plus jeune fils de Jacob et Rachel.
BENNY	D'origine hébraïque et signifie "béni" ou "bien-aimé".
BENOÎT	Signifie "bienveillant" et trouve ses origines dans la langue latine.
BERAT	D'origine turque et signifie "honneur" ou "droiture".
BETTAN	Signifie "Qui apporte la bénédiction" et est d'origine hébraïque.
BILAL	Signifie "l'eau vive" en arabe et il trouve son origine dans l'islam, puisqu'il s'agit du nom d'un célèbre compagnon du prophète Mahomet.
BILALI	Signifie "qui est originaire de Bila" et trouve son origine dans les pays d'Afrique de l'Ouest tels que le Mali, le Sénégal ou la Guinée.
BILEL	Signifie "beau" ou "raffiné" et a des origines arabes.
BILLY	D'origine anglo-saxonne et dérive du nom William, signifiant "volonté" ou "protecteur résolu".
BINYAMIN	Signifie "fils de la main droite" en hébreu et est d'origine biblique.
BIXENTE	Signifie "victorieux" en basque et trouve son origine dans la région du Pays Basque, en France et en Espagne.
BJÖRN	Signifie "ours" en suédois et il trouve son origine dans la culture scandinave.
BOCAR	D'origine africaine et il signifie "homme généreux" ou "homme bon".
BOGDAN	Le prénom Bogdan vient du slave "boh" qui signifie "Dieu" et "dan" qui signifie "don". Il signifie donc "don de Dieu" et est d'origine slave.
BOSCO	D'origine italienne et signifie "forêt" ou "bois".
BOUBACAR	Signifie "celui qui est béni" et trouve son origine dans la culture arabe.
BOUBAKAR	D'origine arabe qui signifie "le patriarche" ou "le chef de famille".
BOUBOU	Signifie "celui qui est aimé" en bambara et est d'origine africaine.
BRADLEY	D'origine anglaise et signifie "large clairière près de la forêt".
BRAHIM	D'origine arabe et signifie "le clément, le miséricordieux".
BRAYAN	Variante de Brian, d'origine celtique, qui signifie "fort" ou "puissant".
BRAYANE	D'origine arabe qui signifie "bienveillant" ou "plein de bonté".
BRAYDEN	Signifie "descendant de Bradán" en gaélique et trouve son origine en Irlande.
BREWEN	Brewen est un prénom celte signifiant "corbeau" et il est d'origine bretonne.
BRIAC	D'origine bretonne et signifie "force" ou "valeur".
BRIAN	D'origine irlandaise signifie "fort, courageux" et était initialement un nom de famille.
BRIEUC	Signifie "force" ou "puissance" et son origine est celtique.
BRUCE	Le prénom Bruce fait référence à un ancien nom de famille écossais, signifiant "saule" en gaélique. Il est devenu populaire comme prénom au XIXe siècle grâce au héros écossais Robert the Bruce et à l'acteur américain Bruce Lee.

BRUNO Signifie "brun" en italien et en germanique, et il vient du mot germanique "brun" qui signifie "armure" ou "protection".

BRYAN D'origine celtique et signifie "force et dignité".

CALEB Signifie "chien" en hébreu et provient de la Bible, où Caleb était un homme courageux et fidèle.

CALIXTE Signifie "très beau" en grec et son origine remonte à l'Antiquité romaine.

CALVIN Le prénom Calvin vient du prénom français ancien "Chauvin" qui signifie "chauve" et fait référence à une personne sans cheveux.

CAMERON Signifie "croisé du vallon" en gaélique et est d'origine écossaise.

CAMIL Signifie "parfait" et provient de l'arabe.

CAMILLE Signifie "serviteur du temple" et il a une origine latine.

CAMILO Signifie "messager d'espérance" et trouve son origine dans la culture espagnole.

CARL Signifie "homme libre" et est d'origine germanique.

CARLOS D'origine espagnole et signifie "homme libre" ou "guerrier".

CARLU Le prénom CARLU vient du prénom italien Carlo qui est dérivé du prénom germanique Karl, signifiant "homme libre" ou "vaillant".

CARLU-ANDRIA D'origine italienne et signifie "homme fort et viril".

CARLU-MARIA Le prénom CARLU-MARIA est un prénom mixte d'origine italienne qui allie les prénoms Carlo (signifiant "homme libre") et Maria (signifiant "aimée de Dieu").

CASSIAN Signifie "qui appartient à la famille des Cassius" et trouve son origine dans le nom de famille romain Cassius.

CAYDEN D'origine gaélique et signifie "combattant vaillant".

CÉDRIC Le prénom Cédric vient du breton "kad" qui signifie "bataille" et "ric" qui signifie "roi", ainsi il signifie "le roi de la bataille". Il a été popularisé par le personnage Cédric Diggory dans la série Harry Potter de J.K. Rowling.

CÉLESTIN D'origine céleste" et trouve son origine dans les prénoms latins Caelestis et Caelestinus.

CÉLIAN Signifie "céleste" ou "ciel" et trouve son origine dans la langue grecque.

CELYAN D'origine bretonne et signifie "victoire du peuple".

CÉSAR Signifie "empereur" en latin et il est d'origine romaine, étant le nom porté par Jules César, célèbre général et homme politique romain.

CEZAR Signifie "empereur" en latin et il a des origines romaines.

CHAHID Signifie "témoin" en arabe et tire son origine de la culture musulmane.

CHAHINE D'origine arabe et signifie "faucon", symbolisant la noblesse, la force et la dignité.

CHAÏM Signifie "vie" en hébreu et est d'origine juive.

CHAKIB Signifie "qui est généreux" en arabe et il trouve son origine dans la culture arabe.

CHAMS Signifie "soleil" en arabe et est d'origine musulmane.

CHARLES Signifie « homme libre » et vient du prénom germanique Carl, issu du terme « karlaz » qui

CHARLI D'origine anglaise et signifie "homme libre" ou "homme viril".

CHARLIE D'origine anglaise et est souvent utilisé comme diminutif du prénom Charles, signifiant "homme libre".

CHARLY Le prénom CHARLY est un diminutif du prénom Charles, d'origine germanique, qui signifie "homme libre" ou "homme vaillant".

CHEICK Signifie "sage" ou "guide spirituel" en arabe et trouve son origine dans la culture musulmane.

CHEICK-OUMAR Signifie "chef spirituel" en langue arabe et est d'origine africaine.

CHEICKNE D'origine malienne et signifie "celui qui est béni par Dieu".

CHEIK D'origine arabe et signifie "chef" ou "guide spirituel".

CHEIKH D'origine arabe et signifie "chef, guide".

CHEIKNE D'origine arabe et signifie "le sage" ou "celui qui est doté d'une grande sagesse".
CHEMS Signifie "soleil" en arabe et il est d'origine arabe.
CHERIF Signifie "noble" en arabe et il est d'origine arabe.
CHRIS Variante du prénom Christopher ou Christine, d'origine grecque, qui signifie "disciple du Christ".
CHRISLEY D'origine anglo-saxonne et signifie "champ des chrétiens" ou "prairie sacrée des chrétiens".
CHRIST Signifie "Messie" ou "oint" en grec et trouve son origine dans la religion chrétienne.
CHRISTIAN Signifie "disciple du Christ" et trouve son origine dans le nom latin "Christianus".
CHRISTIANO Signifie "disciple du Christ" et trouve son origine dans le prénom latin Christianus.
CHRISTOPHE Signifie "le porteur du Christ" et trouve son origine dans le prénom grec Christophoros.
CHRISTOPHER Signifie "porteur du Christ" et son origine provient de la combinaison des mots grecs "Christos" qui

CLARENCE Signifie "clarté" et a une origine incertaine, mais il est couramment utilisé en anglais et peut avoir des origines germaniques.
CLAYTON D'origine anglo-saxonne et signifie "du village de l'argile" ou "du lieu d'argile".
CLÉMENT Signifie "plein de bonté" ou "miséricordieux" et trouve son origine dans le latin "clemens".
CLÉO D'origine grecque et signifie "fierté" ou "glorieux".
CLOVIS Signifie "fameux combattant" et trouve son origine dans la culture des Francs, peuple germanique.
COLIN Signifie "jeune chaleureux" en vieux français et il trouve son origine dans le prénom latin "Colonus".
CÔME Signifie "qui triomphe" et a une origine grecque.
CONNOR D'origine irlandaise et signifie "désiré" ou "fort".
CONOR Signifie "loup" en gaélique irlandais, il trouve son origine dans la mythologie celtique qui associe souvent le loup à la noblesse et à la puissance.
CONSTANT D'origine latine, signifie "constant", "stable" ou "déterminé".
CONSTANTIN Le prénom Constantin trouve son origine dans le latin "Constantinus" et signifie "constant, persévérant" en référence à la force et à la stabilité.
CORENTIN Signifie "guerrier pieux" et trouve son origine dans le prénom breton "Kerentin".
CRISTIAN D'origine latine et signifie "disciple du Christ".
CURTIS Signifie "brave" ou "courtois" et a une origine anglo-saxonne.
CURTYS Signifie "courtois" ou "poli" et son origine est anglo-saxonne.
CYPRIEN Signifie "natif de Chypre" et trouve son origine dans le prénom latin "Cyprianus".
CYRIL D'origine grecque et signifie "maître du peuple".
DALI Signifie "sublime" ou "digne de l'éloge" et est d'origine arabe.
DALIL Le prénom DALIL provient de l'arabe et signifie "guide" ou "preuve".
DAMIAN D'origine grecque et signifie "dompteur" ou "victorieux".
DAMIEN Signifie "dompteur" en grec et il trouve son origine dans le martyr chrétien Saint Damien du IIIe siècle.
DAMIR Signifie "celui qui protège" en arabe et en croate, et il a des origines slaves et arabes.
DAN Signifie "Dieu est mon juge" et trouve son origine dans la culture hébraïque.
DANI Signifie "Dieu est mon juge" et trouve son origine dans le prénom hébreu Daniel.
DANIEL Signifie "Dieu est mon juge" et trouve ses origines dans la Bible.
DANIL Signifie "Dieu est mon juge" et il est d'origine hébraïque.
DANNY Le prénom "Danny" est un diminutif anglo-saxon de "Daniel", qui signifie "Dieu est mon juge" en hébreu.
DANTE Signifie "dur comme l'acier" ou "endurant" en italien et est d'origine latine.
DANY DANY est un prénom mixte d'origine hébraïque qui signifie "Dieu est mon juge".
DANYL D'origine ukrainienne et signifie "don de Dieu".

DAOUD Signifie "bien-aimé" en arabe et il tire son origine du roi biblique David.
DAOUDA Signifie "aimé de Dieu" et trouve son origine dans la culture arabe.
DARELL Signifie "audacieux" ou "courageux" et a une origine anglaise.
DAREN Signifie "riche" ou "prospère" et provient de l'anglais.
DARIO D'origine grecque qui signifie "protecteur" ou "dominateur".
DARIUS Signifie "qui se maintient" ou "qui possède" et trouve son origine dans la culture persane.
DARREL Signifie "cherisé" ou "aimé" et a des origines anglo-saxonnes.
DARREN Signifie "grand" ou "fort" et trouve son origine dans la langue celtique.
DARSHAN Signifie "vision" en sanskrit et provient de la tradition hindoue, où il est utilisé pour exprimer une expérience de rencontre avec la divinité lors d'une méditation ou d'un
DARWIN Signifie "ami cher" en vieil anglais et est d'origine germanique.
DARYL D'origine anglaise, signifie "chérie bien-aimée" et est dérivé du prénom Darrell.
DAVI Signifie "aimé de Dieu" et est d'origine hébraïque.
DAVID D'origine hébraïque et signifie "bien-aimé" ou "celui qui est aimé de Dieu".
DAWENS D'origine américaine et signifie "celui avec de grands yeux".
DAWOUD Signifie "aimé" ou "bien-aimé" et trouve son origine dans la tradition religieuse islamique où Dawoud (ou David en français) est considéré comme un prophète et roi célèbre.
DAYAN Dayan est un prénom mixte d'origine hébraïque qui signifie "jugement divin" ou "celui qui est jugé par Dieu".
DAYANE D'origine amérindienne et signifie "celle qui est à la fois douce et gracieuse".
DAYANN D'origine bretonne et signifie "celui qui est rempli de grâce".
DAYRON Le prénom Dayron vient de l'anglais "Darren" et signifie "riche" ou "grand" en gaélique.
DEAN Signifie "responsable" ou "chef" en anglais et trouve son origine dans le nom de famille anglais médiéval "dean", qui désignait un doyen ou un responsable d'une institution ecclésiastique.
DEMBA Signifie "le grand roi" en wolof, une langue parlée en Afrique de l'Ouest, et trouve son origine dans les cultures sénégalaises et maliennes.
DENIS Signifie "consacré à Dionysos" et trouve son origine dans la Grèce antique.
DENIZ Signifie "mer" en turc et trouve son origine dans la culture turque.
DENNIS Signifie "celui qui est consacré à Dionysos" et trouve ses origines dans la Grèce antique.
DENZEL Signifie "terreux" et tire son origine de l'anglais.
DESTINY Signifie "destin" en anglais et il trouve son origine dans la langue américaine, apparu au début des années 1990.
DEVEN Signifie "sage" en sanskrit, et trouve son origine dans la culture indienne.
DEVRAN D'origine turque et signifie "tournant" ou "cycle".
DEYVON D'origine anglaise et signifie "béni par Dieu" ou "cadeau divin".
DIÉGO Le prénom DIÉGO vient de l'espagnol et est dérivé du prénom latin Didacus, qui signifie « enseigné par Dieu ».
DIMITAR Signifie "dédié à Déméter" et trouve son origine dans la langue grecque.
DIMITRI D'origine grecque et signifie "dévoué à Déméter", la déesse de l'agriculture et de la moisson dans la mythologie grecque.
DINO Signifie "fort" ou "puissant" et son origine est issue de l'italien, dérivé du prénom Bernardino.
DIOGO D'origine portugaise, signifie "soutenu par Dieu".
DIYAN D'origine turque et signifie "celui qui a une brillance intellectuelle."
DJADID Signifie "nouveau" ou "récent" en arabe et trouve son origine dans la culture musulmane.
DJAHYAN Signifie "guide spirituel" en persan et a des origines persanes.
DJALAL Signifie "majesté" en arabe et trouve son origine dans le langage persan.
DJALIL Signifie "majestueux" en arabe et trouve son origine dans la culture arabe.
DJAMAËL Signifie "beauté de l'éternité" en arabe et semble avoir une origine arabe ou berbère.
DJAMAL Signifie "beauté" ou "élégance" en arabe et il est d'origine arabe.

DJAMEL Signifie "beauté" ou "beau" en arabe. Il est d'origine arabe et est largement répandu dans les pays musulmans.

DJAMIL Signifie "beauté" en arabe et a des origines arabes.

DJASSEM D'origine arabe et signifie "le beau".

DJAWAD D'origine arabe qui signifie "généreux" ou "généreux don".

DJAYAN Signifie "victorieux" en sanskrit et trouve ses origines dans la culture indienne.

DJAYANN D'origine amérindienne et signifie "celui qui est fort et puissant".

DJAYDEN Djayden est un prénom moderne d'origine anglo-saxonne qui signifie "celui qui est plein de vie".

DJAYLAN Signifie "lune brillante" en turc et il est d'origine aztèque.

DJAYLANN D'origine amérindienne et signifie "celui qui marche avec grâce et force".

DJESSIM D'origine arabe et signifie "jasmin".

DJIBRIL Signifie "ange" en arabe et trouve son origine dans la religion islamique, faisant référence à l'archange Gabriel.

DJIBY D'origine sénégalaise et signifie "celui qui naît un samedi".

DJINO La signification du prénom Djino est inconnue, mais il est probablement d'origine africaine.

DJULIAN D'origine turque et signifie "jeune, vigoureux".

DOMINIC Signifie "appartenant au Seigneur" et trouve son origine dans le latin "Dominicus".

DOMINIQUE Signifie "appartenant au Seigneur" et provient du latin "Dominicus".

DON Signifie "don" ou "cadeau" en anglais et est d'origine anglaise.

DONOVAN Signifie "homme noir" en gaélique écossais et est d'origine irlandaise.

DORIAN D'origine grecque qui signifie "homme de Doris" ou "originaire de la province de Doris".

DOV Signifie "colombe" en hébreu et trouve son origine dans la tradition biblique.

DRAMANE D'origine africaine et signifie "fidèle" ou "homme de confiance".

DRISS Signifie "sobre" en arabe et trouve son origine dans la culture marocaine.

DRISSA D'origine malienne et signifie "guépard" ou "rapide comme le vent".

DUNCAN Signifie "guerrier brun" et trouve son origine en Écosse.

DWAYNE Signifie "célèbre" ou "noble" et est d'origine anglaise.

DYLAN Signifie "fils de la mer" et trouve son origine dans la mythologie celtique.

EDAN EDAN est un prénom mixte d'origine celte, qui signifie "feu de la passion" ou "petit feu".

EDDINE Signifie "serviteur de la religion" en arabe et provient de l'expression "Abd Allah" qui

EDDY D'origine anglo-saxonne et signifie "gardien de la richesse".

EDEM D'origine éwé, une langue parlée au Togo et au Ghana, et signifie "paix" ou "tranquillité".

ÉDEN Signifie "délice" ou "paradis" et tire son origine de la langue hébraïque.

EDERN D'origine bretonne et signifie "ours puissant".

EDGAR Signifie "lanceur de javelot" et trouve son origine dans la culture germanique.

EDIZ Signifie "sombre" en turc et trouve son origine dans cette même langue.

EDMOND Signifie "protecteur précieux" et trouve son origine dans les prénoms germaniques "Adal" (noble) et "munt" (protection).

EDOARDO D'origine italienne et dérive du prénom germanique "Edward". Il signifie "gardien des richesses" ou "protecteur des biens".

EDON Signifie "volonté" en albanais et il est d'origine albanaise.

ÉDOUARD Signifie "gardien des richesses" et trouve son origine dans le germanique "ead" signifiant "richesse" et "weard" signifiant "gardien".

EDUARD Signifie "gardien des richesses" et a des origines germaniques.

EDWARD D'origine anglo-saxonne et signifie "gardien des richesses" ou "protecteur des biens".

EFE D'origine turque et signifie "brave" ou "courageux".

EHSAN Signifie "bienveillance" en persan et trouve son origine dans la culture iranienne.

EÏDEN Signifie "paradis" en arabe et il trouve son origine dans la tradition musulmane.

EIMEO Signifie "l'enfant de la paix" et est d'origine polynésienne.

EKAITZ Signifie «tempête» en basque et est d'origine basque.
EL-ANZIZ Signifie "le victorieux" en arabe et trouve son origine dans la religion musulmane.
EL-FAROUK Signifie "celui qui distingue le vrai du faux" en arabe et tire son origine du surnom donné au deuxième calife de l'islam, Omar Ibn al-Khattâb, qui était connu sous le nom d'Al-Fârouq.
EL-HABIB Signifie "le bien-aimé" en arabe et il est d'origine musulmane.
EL-HAD Signifie "le guide" en arabe et trouve son origine dans la religion musulmane, faisant référence à un leader spirituel ou à quelqu'un de bien informé en matière de religion.
EL-YAMINE Signifie "le fiable" ou "celui en qui on peut avoir confiance". Son origine peut être arabe.
EL-YASSINE Signifie "le noblement protecteur" en arabe et tire son origine de la culture musulmane.
ELAD Signifie "Dieu est éternel" en hébreu et il est d'origine biblique.
ELAMINE D'origine arabe et signifie "celui qui est sincère et véridique".
ELHADJ Signifie "le pèlerin" en arabe et il est souvent donné aux personnes ayant accompli le pèlerinage à La Mecque.
ELHADJI Signifie "le guide" ou "le chef religieux" en langue wolof et provient de la culture sénégalaise et plus largement d'Afrique de l'Ouest.
ÉLI Le prénom Éli a une signification biblique d'"ascension" ou "élévation". Il a des origines hébraïques et est souvent associé à une personnalité bienveillante et spirituelle.
ELIA Signifie "Dieu est mon Dieu" et a une origine hébraïque.
ELIAKIM D'origine hébraïque et signifie "Dieu établit".
ELIAM Signifie "Dieu est mon peuple" et trouve son origine dans la langue hébraïque.
ELIAN Signifie "Dieu est mon Dieu" en hébreu et il est d'origine biblique.
ÉLIAS Signifie "Dieu est mon Dieu", et il trouve ses origines dans la Bible, où Élias était un prophète de l'Ancien Testament.
ELIAV Signifie "mon Dieu est mon père" et a une origine hébraïque.
ELIAZ D'origine hébraïque et signifie "Dieu est ma force".
ÉLIE Signifie "mon Dieu est Yahvé" et il est d'origine hébraïque.
ÉLIEL D'origine hébraïque et signifie "Mon Dieu est Dieu".
ELIJAH Signifie "Yahvé est mon Dieu" et a des origines bibliques.
ELIMANE D'origine africaine, signifie "celui qui possède la foi" ou "l'homme de confiance".
ÉLIO Signifie "soleil" en grec et trouve son origine dans la mythologie grecque, où Élio était le dieu du soleil.
ELIOR Signifie "mon Dieu est ma lumière" en hébreu et il est d'origine biblique.
ELIOS Signifie "dieu du soleil" et a une origine grecque.
ÉLIOT Signifie "Dieu est mon Dieu" et trouve son origine dans le prénom hébreu Elie.
ÉLIOTT Signifie "Dieu est mon Dieu" et a une origine hébraïque.
ELISHA Signifie "Dieu est salut" et a une origine biblique hébraïque.
ELISIO Signifie "choix de Dieu" et trouve son origine dans le latin "Elysium" qui
ELIZIO Signifie "mon Dieu est mon salut" et a une origine biblique hébraïque.
ELLANDE D'origine germanique qui signifie "noble".
ELLIO Signifie "Dieu est mon Dieu" et est d'origine hébraïque.
ELLIOT Signifie "Dieu est mon Dieu" et a des origines hébraïques.
ELLIOTT Signifie "digne de confiance" et a une origine anglaise.
ÉLOAN D'origine bretonne et signifie "rayon de soleil".
ELOANN D'origine bretonne qui signifie "enfant de la lumière".
ELOHIM Signifie "Dieu" en hébreu et tire son origine de la Bible.
ÉLOI Signifie "élu, choisi" en latin et il tire son origine du prénom germanique "Hludwig".
ELON Signifie "chêne" en hébreu et son origine remonte à la Bible.
ELOUAN Signifie "lumière" en breton et trouve son origine dans la tradition celtique en Bretagne.
ELVEN Signifie "ami" en langue bretonne et son origine remonte aux traditions celtes et mythologiques.

ELVIS Signifie "ami noble" et a une origine incertaine, mais il est principalement associé au célèbre chanteur américain Elvis Presley.

ELWAN D'origine berbère qui signifie "l'espérance".

ÉLY D'origine hébraïque et signifie "Mon Dieu est Yahvé".

ELYAM D'origine hébraïque qui signifie "mon Dieu est un peuple".

ELYAMINE D'origine arabe et signifie "celui qui est fidèle à Dieu".

ELYAN D'origine bretonne et signifie "rayon de soleil".

ELYANE Signifie "Dieu est mon appui" en hébreu et il est d'origine hébraïque.

ELYAS Signifie "Dieu est mon salut" et trouve son origine dans la tradition biblique et hébraïque.

ELYASSE Signifie "Dieu a préservé" et est d'origine arabe.

ELYAZ Signifie "Dieu est mon salut" et a une origine hébraïque.

ELYDJAH Signifie "mon Dieu est Yahvé" en hébreu et est d'origine biblique.

ELYES Signifie "Dieu est ma promesse" en arabe et il a une origine islamique.

ELYJAH Signifie "Yahvé est mon Dieu" et son origine est biblique, étant une variante du prénom biblique Élie.

ÉLYO D'origine hawaïenne, qui signifie "lumière du soleil".

ELYON Signifie "le Très-Haut" en hébreu et trouve son origine dans la Bible, désignant ainsi Dieu dans le livre du Deutéronome.

ELYOTT Le prénom ELYOTT est un prénom mixte d'origine anglo-saxonne, signifiant "noble" ou "chevalier" et il trouve ses racines dans le prénom anglais "Elliott".

EMANUEL Signifie "Dieu est avec nous" et est d'origine hébraïque.

EMIL Emil est un prénom masculin d'origine germanique qui signifie "travailleur industrieux" ou "favori des dieux".

ÉMILE Signifie "celui qui rivalise" en latin et il est d'origine grecque.

EMILIANO Signifie "qui appartient à la famille d'Emilius" et trouve son origine en Italie.

ÉMILIEN Signifie "qui est doux, aimable" et trouve ses origines dans la Rome antique, dérivant du nom de famille romain "Aemilius".

ÉMILIO Signifie "rival" ou "en rivalité" et a des origines latines.

EMIN Signifie "sincère" ou "fidèle" en turc. Son origine peut être dérivée du mot arabe "amin" qui

ÉMIR Signifie "commandant" ou "chef" en arabe. Il est d'origine arabe.

EMIRHAN D'origine turque et signifie "souverain du Khan".

EMMANUEL Signifie "Dieu est avec nous" et il a des origines hébraïques.

EMRE Signifie "compagnon fidèle" en turc et il est originaire de Turquie.

EMRYS Signifie "immortel" ou "immortel bien-aimé" en gallois et trouve son origine dans la mythologie celtique.

ENAËL Signifie "Dieu est joie" en hébreu et trouve son origine dans la culture celtique.

ENAITZ D'origine basque signifiant "du bord de la mer" ou "de la mer".

ENEA Signifie "force" ou "vitalité" et est d'origine grecque.

ENEKO D'origine basque et signifie "protecteur courageux".

ENES D'origine turque, signifie "compagnon" ou "ami proche".

ENNIO Signifie "consacré à Jupiter" en latin et il provient de l'ancien prénom romain "Ennius".

ENOHA Signifie "favori de Dieu" et trouve son origine dans la langue hébraïque.

ENRICK D'origine germanique et signifie "roi puissant".

ENSAR D'origine turque et signifie "colonisateur, bâtisseur".

ENZO Signifie "règle de la maison" et a une origine italienne.

EPHRAÏM Signifie "fructueux" en hébreu et trouve son origine dans la Bible, faisant référence à l'un des fils de Joseph dans l'Ancien Testament.

ERDEM D'origine turque et signifie "vertu" ou "bonne morale".

EREN D'origine turque et signifie "saint" ou "sainteté".

ERIC Signifie "roi éternel" et son origine remonte aux pays scandinaves et germaniques.

ERICK D'origine scandinave et signifie "roi éternel" ou "souverain puissant".
ERIK Signifie "règne éternel" et trouve son origine dans la Scandinavie, notamment en Norvège et en Suède.
ERNEST Signifie "sérieux" ou "sincère" et a une origine germanique.
ERWAN Signifie "ami d'origine celte" et trouve son origine en Bretagne, en France.
ERWANE D'origine bretonne et signifie "ami de la mer".
ERWANN D'origine bretonne et signifie "ami de la mer" ou "celui qui aime l'océan".
ESTÉBAN Signifie "couronné" en espagnol et il est d'origine espagnole ou basque.
ESTEBE Signifie "couronné" et trouve son origine dans la culture basque.
ÉTHAN Signifie "fort" ou "endurant" et a une origine hébraïque.
ETHANN Signifie "celui qui est fort" et est d'origine celtique.
ÉTIENNE Signifie "couronné" en grec et il vient de l'hébreu "Stephenos".
EUGÈNE Signifie "bien né" et trouve son origine dans le grec "eugenes".
ÉVAN Signifie "Dieu est bon" en breton et trouve son origine dans la culture celtique.
EVANN D'origine bretonne et signifie "Dieu est bon" ou "Dieu est miséricordieux".
EVEN Signifie "jeune guerrier" et provient du prénom gaélique Eóghan.
EWAN Signifie "jeune guerrier né du yew" et est d'origine gaélique écossaise.
EWANN D'origine bretonne qui signifie "jeune guerrier" ou "jeune homme guerrier".
ÉWEN Signifie "jeune guerrier" et est d'origine bretonne.
EWENN D'origine bretonne qui signifie "jeune guerrier".
EYAD Signifie "supplication" en arabe et il a des origines arabes.
EYAL Signifie "force" ou "potentiel" en hébreu et il possède des origines juives.
EYDEN Signifie "descendant de la lutte" en vieux norrois et trouve son origine dans la culture scandinave.
EYMEN Eymen est un prénom qui signifie en turc "celui qui est béni par Dieu". Il est d'origine turque et est principalement utilisé dans les pays de langue turque.
EYTAN Signifie "fort" ou "persévérant" et trouve son origine dans la langue hébraïque.
EZÉCHIEL Signifie "Dieu fortifie" en hébreu et trouve ses origines dans la Bible, où il est le nom d'un prophète.
EZÉKIEL Signifie "Dieu est ma force" et a une origine hébraïque, il provient de l'ancien Testament de la Bible.
EZEL D'origine turque qui signifie "âne" en français, symbolisant la sagesse et l'humilité.
EZEQUIEL Signifie "Dieu renforce" et trouve son origine dans la langue hébraïque.
ÉZIO Signifie "aigle" et a une origine italienne.
EZRA Signifie "secours" ou "aide" et a des origines hébraïques.
EZYO Signifie "force" en hébreu et il a une origine biblique.
FABIAN Signifie "cultivateur de haricots" et il vient du prénom romain "Fabianus", dérivé de "Fabius" qui était un nom de famille romain.
FABIO Signifie "habile", "adroit" en latin et il a des racines italiennes.
FABRICIO Signifie "forgeron" en latin et il est d'origine italienne.
FADEL D'origine arabe, signifie "celui qui est juste" ou "celui qui est vertueux".
FADI Signifie "sauveur" en arabe et trouve ses origines dans les cultures arabes et musulmanes.
FAËL Signifie "lumière" ou "ange" et trouve son origine dans la langue hébraïque.
FAHADI Signifie "unique" ou "exceptionnel" et trouve son origine dans la langue swahili, qui est principalement parlée en Afrique de l'Est.
FAHIM D'origine arabe et signifie "intelligent" ou "sage".
FAÏZ Signifie "victorieux" en arabe et trouve son origine dans la culture musulmane.
FARDI D'origine arabe et signifie "unique", "singulier" ou "exceptionnel".
FAREL D'origine arabe et signifie "brave" ou "courageux".
FARELL D'origine gaélique et signifie "vaillant" ou "courageux".
FARÈS D'origine arabe et signifie "celui qui est distingué".

FARID Signifie "unique" ou "incomparable" en arabe et trouve ses origines dans la langue arabe.
FAROUK Signifie "celui qui distingue le bien du mal" en arabe, et il est d'origine arabe.
FARREL Signifie "chef guerrier" et il a une origine irlandaise.
FARRELL Signifie "homme vaillant" et trouve son origine dans la langue irlandaise.
FATIH Signifie "conquérant" en arabe et trouve son origine dans le nom de la ville de Fatih, en Turquie, qui
FAYAD Signifie "générosité" et a une origine arabe.
FAYAL D'origine arabe, signifie "éclat du soleil" ou "rayon de soleil".
FAYED Signifie "qui est généreux, charitable" et a une origine arabe.
FAYEL D'origine anglo-saxonne et signifie "fée brillante."
FAZAL Le prénom Fazal a une signification arabe et persane, il signifie "grâce", "générosité" ou "excellence". Son origine remonte à la Perse antique et il est toujours utilisé dans plusieurs pays du Moyen-Orient et d'Asie du Sud.
FEDI D'origine arabe et signifie "qui a gagné".
FEDY Signifie "don de Dieu" et il est d'origine russe.
FELICE Signifie "heureux" en italien et trouve son origine dans la langue latine.
FÉLIX Signifie "heureux" ou "prospère" et trouve son origine dans le latin "felix", qui a le même sens.
FERDINAND Signifie "courageux et audacieux" et provient du prénom germanique "Fridunand", composé des éléments "frid" (paix) et "nand" (hardi, audacieux).
FILIP Signifie "ami des chevaux" et a des origines slaves.
FIRAS Signifie "perspicace" en arabe et il a une origine arabe.
FIRMIN Signifie "sûr, ferme" et trouve son origine dans le latin "firminus".
FLAVIO Signifie "blond, doré" et trouve son origine dans l'ancien nom romain "Flavius", qui était souvent donné à ceux qui avaient les cheveux blonds ou dorés.
FLORENT Signifie "florissant" et est d'origine latine.
FLORIAN Signifie "florissant" en latin et il a une origine germanique.
FODÉ Signifie "le guide spirituel" en langue malinké et est d'origine africaine.
FODIÉ Signifie "celui qui est béni" et trouve son origine dans la culture peule d'Afrique de l'Ouest.
FOUCAULD D'origine française et signifie "homme audacieux et fort".
FOUSSENI Signifie "celui qui est béni" en langue africaine, et il est d'origine africaine.
FRANCESCO D'origine italienne et dérive du prénom latin "Franciscus", signifiant "français" ou "libre".
FRANCESCU D'origine corse et est dérivé du prénom François qui signifie "homme libre" en latin.
FRANCESCU-MARIA Le prénom Francescu-Maria est un prénom mixte corse, combinant le prénom Francesco (d'origine italienne signifiant "homme libre") et le prénom Maria (d'origine hébraïque signifiant "bien-aimée de Dieu").

FRANCISCO Signifie "libre" et trouve son origine dans la langue espagnole.
FRANCK Signifie "libre" ou "issu des Francs" et trouve son origine dans la langue germanique.
FRANÇOIS Signifie "homme libre" et trouve son origine dans le prénom latin Franciscus, dérivé de Francus qui
FRANTZ D'origine allemande et signifie "homme courageux" ou "homme libre".
FRÉDÉRIC Signifie "roi pacifique" et trouve son origine dans le prénom germanique "Fridurik".
GABI Le prénom "Gabi" est un diminutif féminin de "Gabriel" d'origine hébraïque, signifiant "Dieu est ma force".
GABIN Signifie "petit faucon" et vient de l'ancien prénom latin "Gabinius".
GABRIËL Signifie "force de Dieu" et a une origine hébraïque.
GABRIELE Signifie "Dieu est ma force" et est d'origine hébraïque.
GABRYEL Signifie "Dieu est ma force" et trouve son origine dans la langue hébraïque.
GABY D'origine hébraïque et signifie "homme de Dieu".

GABYN D'origine hébraïque et signifie "Dons de Dieu".
GAD D'origine hébraïque et signifie "destiné à la fortune, heureux".
GAËL Signifie "généreux" ou "gai" et trouve son origine dans la culture celte.
GAËTAN D'origine celtique et signifie "celui qui est né en Gaule".
GAOUSSOU D'origine africaine et signifie "celui qui est aimé et respecté".
GARY Signifie "hardi" ou "guerrier" et est d'origine anglaise.
GASPARD Signifie "trésorier" en vieux perse et il provient de l'hébreu "Gizbar", qui signifiait également "trésorier".
GASTON Signifie "hôte noble" et a des origines germaniques.
GATIEN D'origine grecque et signifie "homme de Dieu" ou "protecteur".
GAUTHIER Signifie "homme fort" et provient du germanique "Waldhar" qui
GAUTIER D'origine germanique et signifie "puissant guerrier".
GAYA Le prénom Gaya vient du sanskrit et signifie "chant, mélodie".
GENNARO D'origine italienne et signifie "janvier".
GEORGE Signifie "agriculteur" et provient du grec "georgos".
GEORGES D'origine grecque, signifie "celui qui travaille la terre" ou "le paysan".
GERMAIN Signifie "homme noble" en latin et son origine remonte à l'époque romaine.
GEXAN D'origine basque et signifie "la vie" ou "le souffle vital".
GHAITH Signifie "celui qui vient en aide" en arabe et trouve son origine dans la culture musulmane.
GHALI Le prénom GHALI a une origine arabe et signifie "précieux" ou "cher".
GHALY Signifie "précieux" ou "cher" en arabe, et il a une origine arabe.
GHEORGHE D'origine roumaine et signifie "agriculteur" ou "travailleur de la terre".
GHJASEPPU D'origine corse et représente la version corse du prénom Joseph.
GHJISEPPU GHJISEPPU est un prénom corse d'origine italienne qui équivaut à Joseph en français, et qui tire ses origines du prénom hébreu Yosef.
GHJULIAN D'origine corse et dérive du prénom Julien, qui signifie "jeune" ou "jeune enfant" en latin.
GHJULIANU Signifie "jeune, vigoureux" en corse, et il est d'origine corse.
GHJUVAN Le prénom Ghjuvan est une forme corse du prénom Jean, d'origine hébraïque, qui signifie "Dieu fait grâce".
GHJUVANNI Variante corse du prénom Jean, d'origine hébraïque, qui signifie "Dieu fait grâce".
GIACOMO Signifie "supplanter" ou "celui qui remplace" en italien et il trouve son origine dans la version italienne du prénom Jacques.
GIANI D'origine italienne et signifie "Dieu est miséricordieux".
GIANNI Signifie "Dieu est miséricordieux" et est d'origine italienne.
GIANNY D'origine italienne et est dérivé du prénom Giovanni, signifiant "Dieu fait grâce" ou "Dieu est miséricordieux".
GILBERTO D'origine germanique et signifie "illustre rejeton".
GILEN D'origine basque et signifie "jeune serviteur".
GINO Signifie "sublime" ou "noble" et trouve son origine en Italie, étant une diminution du prénom original Giovanni.
GIORGI Signifie "travailleur" ou "agriculteur" en géorgien, et il est d'origine géorgienne.
GIOVANN D'origine italienne et signifie "Dieu fait grâce".
GIOVANNI Signifie "Dieu est miséricordieux" et a une origine italienne, dérivé du prénom latin Ioannes.
GIOVANNY D'origine italienne signifiant "Dieu est miséricordieux" et dérivé du prénom Giovanni.
GIULIAN Signifie "jeune homme de la famille des Iules" en latin et son origine est italienne.
GIULIANN D'origine italienne et signifie "jeune homme de la famille Giulia".
GIULIANO D'origine italienne et signifie "jeune, courageux" ou "appartenant à la famille des Julii".
GIULIO Signifie "jeunesse" et a une origine italienne.
GIULLIAN Signifie "jeune guerrier" et est d'origine italienne.

GIUSEPPE Signifie "Dieu ajoutera" en italien et il est d'origine biblique, dérivé du prénom hébreu Yosef (Joseph).

GLENN D'origine gaélique et signifie "vallée étroite".

GODEFROY D'origine germanique et signifie "paix divine".

GOHAN Signifie "repas" en japonais et est surtout connu pour être le nom d'un personnage de la série animée Dragon Ball.

GRÉGOIRE Signifie "veilleur" en latin et tire son origine du prénom grec grêgorios, dérivé de grêgoria qui

GUILHEM D'origine occitane et signifie "volonté ferme" ou "protecteur déterminé".

GUILHERME Signifie "volonté protectrice" ou "défenseur déterminé" et provient du prénom germanique "Wilhelm".

GUILLAUME D'origine germanique, signifie "volonté-protège" ou "déterminé à protéger".

GUSTAVE Signifie "conseil des dieux" et trouve son origine dans les langues germaniques.

GUSTAVO Signifie "soutien divin" et a des origines germaniques et scandinaves.

GUSTIN Le prénom GUSTIN vient du germanique "gust" qui signifie "invincible" et il est d'origine latine.

HABIB Signifie "cher, bien-aimé" en arabe et trouve son origine dans la culture musulmane.

HACHIM Signifie "le conquérant" et trouve son origine arabe.

HADI Signifie "guide" ou "guide vers la voie de Dieu" en arabe et il trouve son origine dans l'islam.

HADJI Signifie "pèlerin" en arabe et est souvent donné aux personnes ayant effectué le pèlerinage à La Mecque. Il trouve son origine dans la tradition musulmane.

HADRIEL Signifie "force de Dieu" et trouve son origine dans la tradition hébraïque.

HADRIEN Le prénom Hadrien vient du latin "Hadrianus" et signifie "provenant d'Adria". Il est d'origine romaine et est associé à l'empereur Hadrien.

HADY D'origine arabe et signifie "conduire vers la bonne voie".

HAÏLEY D'origine anglaise et signifie "champ de foin".

HAIM D'origine hébraïque et signifie "vie" ou "source de vie".

HAIZE Signifie "vent" en basque et trouve son origine dans la mythologie basque où Haizea était la déesse du vent.

HAKEEM Signifie "sage" ou "savant" en arabe et trouve son origine dans la culture musulmane.

HAKIM Signifie "sage" ou "juge" en arabe et trouve son origine dans la culture musulmane.

HALIL Signifie "ami proche" en arabe et en turc, il est d'origine turque.

HALIM Signifie "patient" ou "indulgent" en arabe, et il a son origine dans la culture et la langue arabes.

HAMADY Signifie "louange à Dieu" en arabe et son origine remonte aux traditions et cultures africaines.

HAMED D'origine arabe qui signifie "loué, glorifié" et est souvent donné en référence à Dieu.

HAMID Signifie « le loué » ou « celui qui est digne de louanges » en arabe. Son origine remonte à la civilisation arabe.

HAMIDOU D'origine arabe et signifie "loué" ou "digne de louanges".

HAMZA Signifie "force" ou "lion" en arabe et trouve son origine dans l'islam, notamment porté par le célèbre oncle du prophète Mahomet, Hamza ibn Abd al-Muttalib.

HANAFI Signifie "qui suit la voie droite" et trouve son origine dans le prénom arabe Hanif, se référant à une personne croyante et pure dans sa foi.

HANI Signifie "joyeux" ou "heureux" et trouve son origine en arabe.

HARIS D'origine arabe, signifie "gardien" ou "protecteur".

HAROLD Signifie "chef de guerre" et trouve son origine dans les langues germaniques, notamment en anglais et en allemand.

HARON HARON signifie "libre" en arabe et son origine peut être liée à la culture musulmane.

HAROON Signifie "digne de confiance" et trouve son origine dans la culture arabe.

HÂROUN Signifie "Aaron" en arabe et trouve son origine dans la tradition biblique, faisant référence au frère de Moïse et prophète de l'Islam.

HAROUNA Signifie "lumière" ou "le messager" en arabe. Il trouve son origine dans la culture et la religion islamique, faisant référence à Harun (Aaron en français), le frère de Moïse, qui était un prophète dans la tradition musulmane.

HAROUNE Signifie "Aaron" en arabe et trouve son origine dans le personnage biblique Aaron, frère de Moïse.

HARRY D'origine britannique et signifie "homme puissant" ou "chef de guerre".

HARUN D'origine arabe qui signifie "lumière du jour", il est également associé au prophète Aaron dans la tradition musulmane.

HASAN Signifie "beau" ou "beau jeune homme" en langue arabe et il est d'origine arabe.

HASSAN Signifie "beau" ou "bon" en arabe, et trouve son origine dans la culture islamique.

HASSEN Le prénom Hassen a une origine arabe et signifie "beauté" ou "charme".

HATEM D'origine arabe et signifie "celui qui est respecté et digne de confiance".

HATIM D'origine arabe qui signifie "déterminé" ou "décidé", et est souvent donné en l'honneur d'un poète et guerrier arabe légendaire.

HAYDEN Signifie "descendant d'Heathen" et a des origines anglo-saxonnes.

HAYTHAM Signifie "jeune faucon" en arabe et a des origines arabes.

HEAVEN Signifie "paradis" en anglais et son origine est anglo-saxonne.

HECTOR Signifie "défenseur" et a des origines grecques, venant du héros de la mythologie grecque Hector, fils du roi Priam de Troie.

HÉDI D'origine arabe et signifie "guidé par Dieu".

HEDY Signifie "bienheureuse" en allemand et il est d'origine germanique.

HEITOR Signifie "celui qui est capable" ou "protecteur" et est d'origine portugaise.

HÉLIE Signifie "lumière" ou "brillant" et trouve son origine dans les langues germaniques.

HÉLIO D'origine grecque et signifie "soleil".

HÉLIOS Signifie "soleil" en grec et est d'origine mythologique, faisant référence à la divinité solaire dans la mythologie grecque.

HENDRICK D'origine néerlandaise, signifie "roi puissant".

HENDRIX D'origine anglo-saxonne et signifie "roi de la maison".

HENRI Signifie "maître du foyer" et trouve son origine dans le germanique "Heimric", composé des mots "heim" (foyer) et "ric" (maître).

HENRY Signifie "règne du foyer" et trouve son origine dans les anciens prénoms germaniques "Heim" signifiant foyer et "Ric" signifiant règne ou pouvoir.

HÉOL Signifie "soleil" en breton et est d'origine celte.

HEYDEN Signifie "habitant de la vallée" et trouve son origine dans les pays germanophones.

HICHAM D'origine arabe et signifie "généreux" ou "générosité".

HILAL Signifie "croissant de lune" en arabe et est d'origine orientale.

HILEL Signifie "brillant" en hébreu et il est d'origine hébraïque.

HILLEL Signifie "louange" en hébreu et trouve son origine dans la tradition biblique, faisant référence au célèbre savant et sage juif Hillel l'Ancien.

HIPPOLYTE Signifie "celui qui détient la parole des chevaux" et trouve son origine dans la mythologie grecque, en référence au personnage d'Hippolyte, fils de Thésée et roi des Amazones.

HIRAM Signifie "frère de la cité", il provient de l'hébreu biblique et est notamment associé à Hiram Abiff, un personnage important dans la construction du Temple de Salomon dans la tradition maçonnique.

HOCINE D'origine arabe et signifie "beau, noble".
HONORÉ Signifie "honoré" ou "digne de respect" et trouve ses origines dans la langue latine.
HOUD Signifie "guidé par Dieu" et trouve son origine dans la culture arabe.
HOUMADI Signifie "le reconnaissant" en comorien et provient de l'archipel des Comores, situé dans l'océan Indien.
HOUSNI Signifie "gentil, bon" et a une origine arabe.
HOUSSAINE Signifie "beauté" ou "beau" en arabe et trouve son origine dans la culture musulmane.
HUBERT D'origine germanique, signifie "brillant d'intelligence" ou "celui qui brille au combat".
HUGO D'origine germanique, signifie "esprit brillant" ou "intelligent", et il est dérivé du nom hug qui signifie "esprit".
HUSSAIN Signifie "beau, bon" en arabe et trouve son origine dans la culture musulmane.
HUSSEIN Le prénom Hussein a une origine arabe et signifie "beau et bon" ou "le bon, le bienfaisant".
HYACINTHE Signifie "fleur" et a une origine grecque antique, en référence à un jeune homme de la mythologie grecque, Hyacinthe, qui a été transformé en fleur par le dieu Apollon.
IACOV D'origine hébraïque et signifie "celui qui supplante" ou "celui qui prend la place de quelqu'un d'autre".
IAGO D'origine espagnole, représente une variante du prénom Jacob/Jacques et signifie "supplanter".
IAN Signifie "Dieu est miséricordieux" et trouve ses origines dans la version écossaise du prénom John.
IANIS Signifie "Dieu est miséricordieux" et est d'origine grecque.
IBAI Signifie "rivière" en basque et il est originaire du pays basque.
IBAN Signifie "don de Dieu" et trouve son origine dans la culture basque.
IBN Signifie "fils de" en arabe et est généralement utilisé pour indiquer la filiation.
IBRAHIM Signifie "père de multitude" en arabe et il a des origines hébraïques, notamment d'après le personnage biblique Abraham.
IBRAHIMA Signifie "le père de beaucoup de nations" en arabe et trouve son origine dans la tradition biblique avec le personnage d'Abraham.
ICHAM Icham est un prénom masculin d'origine arabe qui signifie "beauté sublime".
IDAN Signifie "qui fait grandir" en hébreu et trouve son origine dans la tradition juive.
IDIR Signifie "vivant" en kabyle et il est d'origine berbère.
IDRIS Signifie "étude" ou "enseignement" et trouve son origine dans la culture arabe et berbère.
IDRISS Signifie "enseignant" ou "celui qui montre le chemin" en arabe, et il est d'origine hébraïque.
IDRISSA Signifie "celui qui commande" en arabe, et trouve son origine dans la tradition islamique, en référence au prophète Idriss (ou Énoch dans la Bible).
IDRISSE Signifie "enseignant" ou "interprète" et a des origines arabes.
IHSAN Signifie "la perfection" en arabe et trouve son origine dans la tradition islamique.
IHSANE Le prénom Ihsane vient de l'arabe et signifie "bienveillance" ou "bonté" ; il est souvent donné en référence aux qualités généreuses et bienveillantes de la personne.
IHSSAN D'origine arabe et signifie "bonté" ou "bienfaisance".
IKRAM Signifie "générosité" en arabe et est d'origine musulmane.
IKROIM D'origine arabe et signifie "généreux" ou "libéral".
ILAN Signifie "arbre" en hébreu et trouve son origine dans la réligion juive.
ILANE Signifie "fille de lumière" et a des origines hébraïques.
ILANN Signifie "arbre" en hébreu et trouve son origine dans la culture juive.
ILAY D'origine malgache qui signifie "rayon de soleil" ou "lumière".
ILHAM Signifie "inspiration" ou "révélation" en arabe, et il est d'origine arabe.
ILHAN Signifie "qualifié, talentueux" et a des origines turques.

ILIAN Signifie "un homme de Dieu" et trouve son origine dans les langues bulgares et slaves.
ILIANE D'origine grecque, signifie "fille du soleil".
ILIANO D'origine italienne dérivé du prénom latin "Aelius", signifiant "appartenant à la famille Aelia".
ILIAS D'origine grecque et signifie "Dieu est mon salut".
ILIYAS D'origine arabe et signifie "dieu est mon seigneur".
ILLAN D'origine celtique et signifie "rayon de soleil".
ILOAN Signifie "joyeux" en basque et est d'origine basque.
ILYA D'origine russe et il signifie "Dieu est mon seigneur".
ILYAM Signifie "Dieu avec nous" ou "mon Dieu est avec moi" et est d'origine arabe.
ILYAN D'origine slave, signifie "fils de la lumière" ou "enfant du soleil".
ILYANE D'origine arabe qui signifie "celle qui est sublime" ou "belle". C'est une variante du prénom Ilham.
ILYANN D'origine russe et signifie "grâce de Dieu".
ILYAS Signifie "Dieu est mon salut" et a une origine arabe.
ILYASS Signifie "Dieu est mon salut" en arabe et trouve son origine dans la tradition musulmane.
ILYASSE Signifie "Dieu est mon salut" en arabe et il est d'origine arabe.
ILYÈS D'origine arabe et signifie "prophète" ou "envoyé de Dieu".
ILYESS Signifie "Dieu est généreux" en arabe et est d'origine arabe.
IMAD Signifie "soutien" ou "pilier" en arabe et il est d'origine arabe.
IMAM Signifie "guide" ou "chef religieux" en arabe et il tire son origine de l'islam.
IMANE D'origine arabe et signifie "la foi".
IMANI D'origine swahilie signifiant "foi" ou "croyance" en langue kiswahili.
IMRAAN Signifie "prophète" en arabe et il est d'origine coranique.
IMRÂN Signifie "fortuné" ou "prospère" en arabe et il trouve son origine dans la tradition islamique, étant le nom du père de Marie, la mère de Jésus, selon la tradition chrétienne.
IMRANE Signifie "noble" en arabe et trouve son origine dans la culture musulmane.
IMRANI D'origine arabe qui signifie "provenant d'Imran" ou "nuage qui donne de la pluie".
IMROINE D'origine incertaine et sa signification est inconnue.
INACIO Signifie "ardent" ou "passionné" et est d'origine espagnole ou portugaise.
INAKI Signifie "mon petit" en basque et est d'origine basque.
IOAN D'origine roumaine et est la version roumaine du prénom Jean, qui signifie "Dieu fait grâce" en hébreu.
ION Signifie "Dieu est bon" et trouve son origine dans la culture basque.
IONUT Signifie "petit Jean" en roumain et est dérivé du prénom Jean, d'origine hébraïque.
IOSIF Signifie "Dieu multipliera" et est d'origine hébraïque.
IRCHAD Signifie "guidance" en arabe et provient de la culture musulmane.
IRCHAM IRCHAM est un prénom masculin d'origine arabe, signifiant "généreux" ou "bienveillant", souvent donné en référence à la compassion et à l'amour envers les autres.
IRÉNÉE Signifie "paix" en grec et vient du prénom masculin Irénée ou Eirénaios, issu du terme grec "eir□nē", qui
IRFAN Signifie "connaissance" ou "sagesse" en arabe et est d'origine persane.
IRFANE Signifie "sagesse" en arabe et trouve son origine dans la culture musulmane.
IRHAM Signifie "miséricorde" en arabe et a une origine musulmane.
IRHAME Signifie "miséricorde" en arabe et est d'origine musulmane.
ISAAC Signifie "il rit" en hébreu et est d'origine biblique.
ISAAK Signifie "Dieu a souri" et est d'origine hébraïque.
ISAAQ Le prénom ISAAQ vient de la tradition biblique et signifie "il rira" en hébreu.
ISAC Signifie "force de Dieu" et trouve son origine dans la Bible, où il est le nom donné au fils d'Abraham.

ISAËL Signifie "Dieu contemple" en hébreu et trouve son origine dans la Bible, où il est le nom d'un personnage biblique de l'Ancien Testament.

ISAÏA Signifie "Dieu est mon salut" et a des origines bibliques hébraïques.

ISAÏAH Signifie "Dieu est salut" en hébreu et trouve son origine dans la Bible, où il est porté par un prophète.

ISAM D'origine arabe et signifie "un homme protégé par Dieu".

ISAO Signifie "homme courageux" en japonais et il est d'origine japonaise.

ISAQ D'origine hébraïque, signifie "il rira" ou "il a ri".

ISAYA Signifie "Dieu est mon salut" en hébreu et trouve son origine dans la Bible, faisant référence au prophète Isaïe.

ISAYAH Signifie "Dieu est salut" en hébreu et son origine remonte à la Bible.

ISHAAN Signifie "le soleil du matin" en sanskrit et est d'origine indienne.

ISHAAQ Ishaq est un prénom arabe masculin signifiant "Isaac" en français, renvoyant au personnage biblique du fils d'Abraham, et ayant une origine hébraïque.

ISHAC Signifie "le don de Dieu" et a des origines arabes.

ISHAK Signifie "il rira" en hébreu et a des origines bibliques.

ISHAN Signifie "le soleil" en sanskrit et trouve son origine dans la culture indienne.

ISHÂQ Signifie "amour" en arabe et trouve son origine dans la culture musulmane et biblique, étant le nom arabe de la figure biblique d'Isaac.

ISHAY Signifie "don de Dieu" et trouve son origine dans la langue hébraïque.

ISIDORE Signifie "cadeau d'Isis" et a une origine grecque.

ISLAM Signifie "soumission à Dieu" et trouve son origine dans la religion islamique.

ISLEM D'origine arabe, signifie "soumission à Dieu" ou "religion" en français.

ISMAËL Signifie "Dieu a entendu" et trouve son origine dans la tradition biblique, faisant référence au personnage d'Ismaël, fils d'Abraham et d'Agar.

ISMAÏL Signifie "Dieu a entendu" en hébreu et son origine remonte aux récits bibliques, où Ismaël était le fils aîné d'Abraham et d'Hagar.

ISMAÏLA Signifie "Dieu a entendu" et a une origine arabe.

ISRAËL Signifie "celui qui lutte avec Dieu" et il a une origine biblique, faisant référence à Jacob qui a été renommé Israël après avoir lutté avec un ange.

ISSÂ ISSÂ est un prénom masculin d'origine arabe qui signifie "qui aide" ou "secourable".

ISSAH D'origine arabe et signifie "Dieu est salut".

ISSAM Signifie "celui qui suit le chemin droit" en arabe et son origine remonte à la culture islamique.

ISSIAKA D'origine africaine, plus spécifiquement de la région malienne, qui signifie "Dieu nous sauve" ou "que Dieu protège".

IVAN Signifie "Dieu est miséricordieux" et provient de l'ancien prénom hébreu Yohanan, qui a ensuite été adopté en russe, en croate et dans d'autres langues slaves.

IVANN Signifie "Dieu est plein de grâce" et a une origine bretonne.

IVANO D'origine italienne et signifie "Dieu est miséricordieux".

IWAN Signifie "don de Dieu" et est d'origine slave.

IWEN Signifie "Dieu est miséricordieux" et trouve son origine dans la culture bretonne.

IYAD D'origine arabe, signifiant "soutien" ou "aide".

IYAS Signifie "vie" et a une origine arabe.

IYED Signifie "retour" en arabe et trouve son origine dans la culture arabe et musulmane.

IZAAC Signifie "Dieu soutient" et est d'origine hébraïque.

IZAAK Signifie "Il rira" en hébreu et est d'origine biblique, équivalent de Isaac en français.

IZAC Signifie "risée d'Isaac" et provient de l'hébreu biblique, faisant référence à la naissance miraculeuse du fils d'Abraham et de Sarah dans l'Ancien Testament.

IZAD Signifie "liberté" en persan et est d'origine iranienne.
IZAK D'origine hebraïque, signifie "Dieu a ri" ou "Dieu s'est réjoui".
IZAO Signifie "celui qui est unique" et il est d'origine malgache.
IZEM D'origine berbère et signifie "l'origine, la racine" en tamazight.
IZHAC D'origine hébraïque et signifie "il rit".
IZHAK Signifie "il rira" en hébreu et est d'origine biblique.
IZHAQ D'origine hébraïque, signifie "risée" ou "il rira".
JAAD Signifie "générosité" en arabe et est d'origine arabe.
JACK Signifie "Dieu fait grâce" et provient du prénom anglais médiéval "Jaques", qui est une variante de "Jacob".
JACKSON Signifie "fils de Jack" en anglais et est dérivé du nom de famille anglais médiéval "Jack", une forme diminutive du prénom John (Jean).
JACOB Signifie "celui qui supplante" ou "celui qui tient le talon" en hébreu. Il provient de la Bible, où Jacob était le fils d'Isaac et de Rebecca, et le frère jumeau d'Ésaü.
JACQUES Signifie "Dieu qui soutient" et provient de l'hébreu "Ya'aqov", issu de la Bible et faisant référence à Jacob.
JÂD Signifie "celui qui a de la valeur" ou "précieux" et il trouve son origine dans la langue arabe.
JADEN Signifie "surgi d'une vallée de jade" et est d'origine américaine.
JAHDEN D'origine américaine et signifie "créatif ou inventif".
JAHED JAHED est un prénom arabe qui signifie "celui qui lutte et se défend" et qui est souvent associé à une personne courageuse et déterminée.
JAHËL Signifie "Dieu est ma force" et il a une origine hébraïque.
JAHYAN Le prénom JAHYAN a une signification inconnue et son origine est également indéterminée.
JAHYANN Variante moderne du prénom breton Yann, d'origine hébraïque, signifiant "Dieu fait grâce".
JAIMY Variante anglo-saxonne du prénom masculin Jamie, d'origine écossaise, qui signifie "aimé de tous".
JAIRO Signifie "Dieu resplendit" ou "il réjouit Dieu" et a des origines hébraïques.
JALIL Signifie "noble" en arabe et a pour origine les pays arabes.
JAMAL Le prénom masculin "Jamal" signifie "beauté" ou "charme" en arabe et il est d'origine arabe.
JAMES Signifie "qui supplante" et provient de l'anglais médiéval, dérivé du nom hébreu Jacob.
JAMIE Le prénom Jamie est un prénom mixte d'origine anglaise, qui signifie "celui qui supplante".
JAMIL Signifie "beau" ou "charmant" en arabe et a une origine arabe.
JAROD Signifie "chef" ou "descendant noble" et il a des origines américaines.
JASMIN Signifie "fleur blanche et parfumée" et trouve ses origines dans le mot persan "yasmin" qui désigne le jasmin, une plante à fleurs très appréciée pour son parfum.
JASON Signifie "guérisseur" ou "celui qui guérit" et provient de la mythologie grecque, faisant référence au héros Jason, chef des Argonautes.
JASPER Signifie "trésor" ou "pierre précieuse" et trouve son origine dans les pays anglo-saxons.
JASSEM Signifie "celui qui rassemble" et il a une origine arabe.
JASSIM D'origine arabe et signifie "celui qui est ferme et déterminé".
JAWAD Signifie "généreux" en arabe et a une origine arabe.
JAWED Signifie "éloquent" en arabe et est d'origine afghane.
JAY Le prénom JAY vient du nom anglais de l'oiseau geai, il évoque l'intelligence et la vivacité.
JAYAN Signifie "victorieux" et a une origine sanskrit.
JAYDEN Signifie "celui qui a le jugement de Dieu" et il est d'origine anglo-saxonne.

JAYDON D'origine américaine et signifie "Dieu a entendu".
JAYEN Signifie "victorieux" ou "triomphant" et trouve son origine dans la culture indienne.
JAYLAN Signifie "grâce de Dieu" et il a des origines arabes.
JAYLANN D'origine américaine et est composé des prénoms Jay et Lynn. Il signifie "gracieux comme un oiseau" ou "celui qui brille".
JAYLEN Signifie "combinaison de Jay et Len" et il a une origine américaine.
JAYLON D'origine américaine et signifie "créatif" ou "brave".
JAYSON D'origine anglaise et signifie "fils de Jason".
JEAN Signifie "Dieu fait grâce" et son origine remonte à l'hébreu.
JEAN-BAPTISTE Signifie "Dieu est bienveillant" en hébreu et trouve son origine dans la Bible, avec Jean-Baptiste étant le nom du prophète et précurseur de Jésus.

JEAN-PAUL La signification du prénom Jean-Paul est "Dieu fait grâce" et il est d'origine biblique.
JED Signifie "l'abondance" et provient du prénom Jedediah qui a des origines hébraïques.
JELANI Signifie "puissant" en swahili et trouve ses origines en Afrique de l'Est.
JELANY Signifie "beau comme un rubis" et est d'origine arabe.
JÉRÉMIE Signifie "Dieu élèvera" et trouve son origine dans la religion hébraïque, notamment dans le personnage biblique du prophète Jérémie.
JÉRÉMY Signifie "celui qui est élevé par Dieu" et a des origines hébraïques.
JESSE Jesse est un prénom mixte d'origine hébraïque signifiant "don de Dieu" ou "Dieu existe".
JESSIM D'origine arabe et signifie "beauté".
JESSY D'origine américaine et est dérivé du prénom Jessie. Il signifie "Dieu est généreux".
JESSYM Variante féminine du prénom Jesse, d'origine hébraïque, signifiant "Dieu existe" ou "Dieu existe".
JIBRIL Signifie "l'Ange Gabriel" en arabe et il a une origine coranique.
JIM Le prénom JIM est généralement une forme diminutive ou informelle du prénom JAMES, d'origine anglaise, signifiant "celui qui est protégé par Dieu".
JIMMY D'origine anglaise et signifie "protecteur dévoué" ou "ami fidèle".
JIVAN Signifie "vie" en sanskrit et trouve son origine dans la culture indienne.
JOACHIM Signifie "Dieu prépare" en hébreu et il trouve son origine dans la Bible où Joachim est le nom du père de la Vierge Marie.
JOAKIM Le prénom Joakim a une origine hébraïque et signifie "Dieu établit".
JOAN Signifie "Dieu est miséricordieux" et il a des origines hébraïques.
JOANNÈS D'origine biblique et signifie "Dieu fait grâce" en hébreu.
JOAO D'origine portugaise, signifie "Dieu est miséricordieux".
JOAQUIM D'origine hébraïque et signifie "Dieu établit".
JOAQUIN Signifie "Dieu fera grâce" et provient de l'hébreu.
JOÉ D'origine biblique et signifie "Dieu ajoutera" en hébreu.
JOËL Signifie "Dieu est mon sauveur" et a des origines hébraïques.
JOEY D'origine anglaise et est généralement utilisé comme diminutif du prénom Joseph. Il est couramment utilisé pour les garçons et les filles et signifie "Dieu ajoutera" ou "Dieu augmentera".
JOHAN D'origine hébraïque et signifie "Dieu fait grâce".
JOHANN Signifie "Dieu fait grâce" et trouve son origine dans des variantes germaniques du prénom hébreu Jean.
JOHN D'origine hébraïque et signifie "Dieu fait grâce".
JON D'origine hébraïque, est une forme courte du prénom Jonathan qui signifie "don de Dieu".
JONAËL Signifie "Colombe de Dieu" et il a une origine biblique.
JONAH Signifie "colombe" en hébreu et puise ses origines dans la Bible, où Jonah est un prophète envoyé par Dieu pour sauver la ville de Ninive.

JONAS Signifie "colombe" en hébreu et trouve son origine dans la Bible, où Jonas est un prophète envoyé par Dieu pour prêcher aux habitants de Ninive.

JONATHAN Signifie "don de Dieu" et est d'origine hébraïque.

JORDAN D'origine hébraïque et signifie "descendant de l'eau" ou "celui qui descend".

JORDI D'origine catalane et est une variante catalane du prénom Georges, signifiant "agriculteur" ou "travailleur de la terre".

JORIS D'origine grecque et signifie "agriculteur", il est également une forme raccourcie du prénom Georges.

JOSÉ D'origine espagnole et est dérivé du prénom latin "Iosephus", signifiant "Dieu ajoutera" ou "que Dieu ajoute".

JOSEPH Signifie "Dieu ajoutera" et trouve son origine dans la Bible.

JOSH D'origine hébraïque et signifie "Dieu donne".

JOSHUA Signifie "Dieu est salut" et a des origines hébraïques.

JOSUÉ Signifie "Dieu est salut" en hébreu et a une origine biblique.

JOUD Signifie "générosité" ou "abondance" en arabe, et il est d'origine arabe.

JOUNAYD Signifie "combattant" en arabe et est d'origine musulmane.

JOUNEYD D'origine arabe, signifie "guerrier" ou "combattant".

JOVANY Signifie "Dieu est miséricordieux" et son origine est latine.

JUAN D'origine espagnole et signifie "Dieu fait grâce".

JUDE Signifie "louange à Dieu" et trouve son origine dans le prénom hébraïque Yehouda.

JULE D'origine scandinave et signifie "jeune" ou "jeunesse".

JULEN D'origine basque qui signifie "Noël".

JULES Jules est un prénom masculin d'origine latine qui signifie "jeune" ou "dédié à Jupiter".

JULIAN D'origine latine, signifie "appartenant à Jules" et est dérivé du nom romain Julius.

JULIANN Signifie "jeune descendant de Jules" et est d'origine latine.

JULIANO D'origine latine et signifie "issu de la famille de Jules".

JULIEN Signifie "jeune" ou "appartenant à Jules" et provient du latin "Julianus", faisant référence aux empereurs romains de la famille des Jules.

JULIO Signifie "jeunesse" en latin et trouve son origine dans la culture hispanique et portugaise.

JULYAN Signifie "jeune" ou "jeunesse" et est d'origine latine, dérivé du prénom Julius.

JUN D'origine japonaise et signifie "pur" ou "véritable".

JUNAYD Signifie "guerrier" en arabe et il est d'origine perse.

JUNIOR D'origine anglo-saxonne et signifie littéralement "plus jeune". Il est utilisé pour désigner un enfant ayant le même prénom que son père, adoptant ainsi le suffixe "Junior".

JUSTIN D'origine latine, signifie "juste" ou "droit".

JUSTINO D'origine latine et signifie "juste" ou "équitable".

KAAN Signifie "chef" ou "roi" en turc et il trouve son origine dans l'Empire mongol.

KADER Signifie "fortuné" ou "destiné" en arabe, il est souvent donné en référence à la croyance en un destin préétabli.

KAËL Signifie "qui règne" et trouve son origine dans la langue bretonne.

KAËLAN D'origine bretonne et signifie "guerrier courageux".

KAËLANN Le prénom Kaëlann est un prénom mixte d'origine bretonne, signifiant "guerrier/aigle sachant garder le calme".

KAËLIG D'origine bretonne et signifie "combat généreux".

KAHÏL Signifie "généreux" en hébreu et il a une origine biblique.

KAHYL D'origine arabe et signifie "digne, noble".

KAHYS D'origine égyptienne et signifie "seigneur" ou "chef".

KAÏDEN Signifie "compagnon" et il a des origines celtiques.

KAÏLAN Kaïlan est un prénom mixte d'origine amérindienne qui signifie "guerrier" ou "celui qui se bat".

KAÏRON D'origine grecque qui signifie "le temps opportun" ou "l'instant décisif".
KAÏS Signifie "le roi" et a une origine arabe.
KAÏSS Signifie "lion" en arabe et il est d'origine arabe.
KAÏSSANE D'origine arabe, signifie "celle qui est noble et généreuse".
KALED D'origine arabe, signifie "éternel" ou "immortel".
KALIL Signifie "ami" en arabe et il a une origine sémitique.
KALIS Le prénom KALIS est généralement d'origine hindoue et signifie "art, habileté" en sanskrit.
KAMAL Signifie "perfection" ou "complétude" en arabe et il est d'origine arabe.
KAMEL Signifie "parfait" en arabe, il trouve son origine dans la culture arabe et musulmane.
KAMERON D'origine écossaise et a pour signification "le nez crochu" ou "le boiteux".
KÂMIL D'origine arabe, signifie "parfait" ou "accompli".
KAMYL Signifie "parfait, impeccable" et est d'origine arabe.
KANDE D'origine africaine et signifie "pierres précieuses" ou "trésor" en bambara.
KARAM Signifie "générosité" et a une origine arabe.
KARAMBA Signifie "l'initié, celui qui sait" en gambien et en mandingue, et il provient principalement de l'Afrique de l'Ouest.
KARAMOKO Signifie "le privilégié" en langue mandingue et trouve son origine en Afrique de l'Ouest, notamment en Côte d'Ivoire et en Guinée.
KARIM Signifie "généreux" ou "généreux" en arabe et il a des origines arabes.
KARL D'origine germanique et signifie "homme libre".
KASSIM Signifie en arabe "le partageur" et trouve son origine dans la culture africaine et moyen-orientale.
KASSYM Signifie "harmoie" en kazakh et trouve son origine dans la culture kazakhe.
KAVIN D'origine moderne et son origine exacte n'est pas claire. Il est généralement utilisé comme une forme alternative du prénom Kevin, qui est
KAYAM Signifie "durable" en arabe. Son origine exacte n'est pas connue, mais il est généralement utilisé dans les pays arabes.
KAYANE D'origine amérindienne et signifie "faucon".
KAYDEN Signifie "combattant" en gaélique écossais et connaît une popularité croissante depuis les années 2000, notamment grâce à l'influence de la culture américaine.
KAYDENN Signifie "descendant de Caodhan" et trouve son origine dans la culture irlandaise.
KAYEL D'origine américaine et il signifie "couronne de laurier".
KAYIS D'origine turque et signifie "rocher" ou "pierre" en français.
KAYLAN D'origine américaine et est dérivé du prénom Kayla, signifiant "qui ressemble à Dieu".
KAYLANE D'origine américaine et signifie "beauté éternelle".
KAYLANN Signifie "joyau pur" et est d'origine celtique.
KAYLON D'origine américaine et signifie "gardien des clés".
KAYOUM Signifie "éminent" en arabe et il a une origine musulmane.
KAYRON Signifie "celui qui règne" et il est d'origine grecque.
KAYS Signifie "noble" ou "roi" et trouve son origine dans l'arabe.
KAYSÂN Signifie "brave" ou "courageux" en arabe et a une origine arabe.
KEÏLAN D'origine bretonne qui signifie "enfant généreux" ou "enfant noble".
KÉLIAN Signifie "de guerre" en gaélique et trouve son origine en Irlande.
KÉLIO Signifie "le ciel" en hawaïen et est d'origine polynésienne.
KELVIN D'origine écossaise et signifie "rivière étroite".
KÉLYAN Signifie "guerrier" et trouve son origine dans les langues celtes.
KELYANE D'origine bretonne et signifie "guerrier fort et vigoureux".
KÉLYO D'origine inconnue et sa signification n'est pas répertoriée.
KÉMAËL Signifie "belle perle" en arabe et il a une origine arabe.
KEMAL Signifie "parfait" en arabe et en turc, et il trouve son origine dans la culture turque.
KÉMIL D'origine turque et signifie "parfait" ou "complet".

KÉNAËL Signifie "ange puissant" en hébreu et a une origine biblique.
KÉNAN Signifie "posséder, posséder un pouvoir, avoir la force" et a une origine hébraïque.
KENDRICK Signifie "chef puissant" et trouve son origine dans les noms de famille écossais et anglais.
KENJI Signifie "sage et fort" en japonais et il est d'origine japonaise.
KENNY Le prénom Kenny est une forme anglicisée du prénom gaélique écossais "Coinneach", signifiant "beau, élégant".
KENSLEY D'origine anglo-saxonne et signifie "clairière royale".
KENZI Signifie "trésor" ou "trésor caché" en japonais et est d'origine arabe.
KENZO Signifie "premier fils" en japonais et a des origines japonaises.
KENZY D'origine canadienne et sa signification est "belle âme" ou "belle vie".
KEPA Signifie "pierre" en basque et provient de la culture basque.
KÉRAN Signifie "noir" en breton et trouve son origine dans la culture celtique.
KERIM Signifie "généreux" ou "noble" et est d'origine arabe.
KESSIM Signifie "boussole" en hébreu et il est d'origine biblique, faisant référence au personnage biblique Keshim qui était un descendant d'Hébron.
KÉVAN Signifie "beau" ou "noble" et a une origine persane.
KÉVIN D'origine irlandaise et signifie "beau", "doux" ou "gentil".
KEYAN D'origine irlandaise et signifie "ancien", "sage" ou "guerrier".
KEYANN Signifie "ancienne bataille" en breton et trouve son origine dans la culture celte.
KEYDEN La signification du prénom KEYDEN, d'origine anglaise, est "l'enfant sage et audacieux".
KEYDENN La signification du prénom Keydenn est "descendant de Caïn" et il est d'origine celtique.
KEYLAN D'origine américaine, signifie "compagnon ou ami fidèle".
KEYLANN Le prénom KEYLANN est un prénom masculin d'origine américaine qui signifie "malin" ou "intelligent".
KEYLON Signifie "celui qui est plein d'énergie" et il est d'origine américaine.
KEYLOR D'origine amérindienne et signifie "celui qui possède une force intérieure".
KEYRAN D'origine irlandaise signifiant "petit sommet ou petite colline", souvent donné en référence aux paysages vallonnés de l'Irlande.
KEYRON Signifie "homme couronné" et a une origine anglo-saxonne.
KEYRONN La signification du prénom KEYRONN est inconnue, il s'agit d'une variante rare du prénom Kieran ou Kyron.
KEYVAN D'origine persane et signifie "roi du monde".
KEZIAH Signifie "cassia", un arbre de la famille des légumineuses, et il a des origines bibliques, provenant de l'Ancien Testament.
KHADIM Signifie "serviteur" ou "gardien" en arabe et est d'origine religieuse, souvent donné en référence aux serviteurs de Dieu.
KHAÏS Signifie "indépendant" et est d'origine arabe.
KHALED Signifie "éternel" en arabe et trouve son origine dans la culture musulmane.
KHALID Signifie "éternel" et provient de l'arabe.
KHALIFA Signifie "successeur" ou "vicaire" en arabe, et trouve son origine dans le titre donné au chef ou à la personne qui succède au prophète Mahomet.
KHALIL Signifie "ami intime" en arabe et trouve son origine dans la culture et la religion musulmane.
KHALIS D'origine arabe et signifie "pur" ou "sincère".
KHALYS Signifie "pur", "sincère" en langue arabe. Son origine est donc arabe.
KHEPHREN Signifie "celui qui brille" et trouve son origine dans la mythologie égyptienne, en référence au pharaon Khephren, constructeur de la deuxième pyramide de Gizeh.
KIAN Signifie "roi" en persan et il est d'origine iranienne.
KILYANE D'origine française et signifie "celui qui est pur".
KIMANY Signifie "espérance" ou "celui qui apporte l'espoir" et trouve son origine dans la culture africaine.

KINAN D'origine arabe et signifie "fort, puissant".

KINANE Le prénom masculin "Kinane" signifie "fort" en gaélique irlandais et trouve son origine dans la culture celtique.

KINGSLEY D'origine anglaise et signifie "champ du roi", faisant référence à une personne puissante et noble.

KINSLEY D'origine anglaise et signifie "champ du roi".

KIRAN Signifie "rayon de lumière" en sanskrit et tire son origine de l'Inde.

KIRIL Signifie "seigneur" en bulgare et en russe, et il a des origines slaves.

KISHAN Signifie "seigneur" ou "divin" en sanskrit et trouve son origine dans la culture indienne.

KIYAN D'origine persane et signifie "royal" ou "digne d'un roi".

KRISHNA Signifie "sombre" en sanskrit et il est souvent associé à la divinité hindoue du même nom.

KURTIS D'origine allemande qui signifie "conseiller courageux".

KYAN Signifie "sage" et il est d'origine bretonne.

KYANN Signifie "grâce de Dieu" et est une variante anglo-saxonne du prénom breton "Kian".

KYLAN Signifie "chiot" en gaélique écossais et irlandais, il est dérivé du prénom Kyle.

KYLE Signifie "étroit du bras" et a des origines écossaises.

KYLIAM Variantes du prénom KILIAN/KILLIAN qui est d'origine irlandaise et signifie "serviteur de l'église".

KYLIAN Signifie "celui qui est courageux" et a une origine celtique.

KYLLIAN D'origine irlandaise et signifie "guerrier" ou "protecteur".

KYRAN D'origine irlandaise, signifie "petit noir" ou "sombre", en référence à la couleur des cheveux ou de la peau.

KYRON Le prénom Kyron a une origine grecque et signifie "seigneur" ou "digne de vénération".

LADISLAS Signifie "glorieux gouverneur" et il trouve son origine dans les anciens prénoms slaves.

LADJI Signifie "chef" en langue bambara (Afrique de l'Ouest) et est d'origine africaine.

LAËL Signifie "Dieu est mon juge" en hébreu et trouve son origine dans la tradition biblique.

LAMINE D'origine arabe et signifie "le doux", "le clément" ou "le miséricordieux".

LANCELOT Signifie "jeune homme vaillant" et est d'origine celte.

LASSANA Signifie "le lion" ou "le roi" et trouve son origine dans la culture africaine, notamment en Afrique de l'Ouest.

LASSINA D'origine africaine et signifie "celui qui est béni".

LASZLO Signifie "glorieux, illustre" et il a une origine hongroise.

LAYAN D'origine arabe et signifie "douceur" ou "délicatesse".

LAYANE D'origine arabe et signifie "douceur" ou "tendresse".

LAYANN D'origine arabe et signifie "compagnon, associé".

LAYTH Signifie "lion" ou "brave" en arabe et trouve ses origines dans la culture arabo-musulmane.

LAYVIN Signifie "joyau du foyer" et il est d'origine espagnole.

LAZAR Signifie "Dieu est ma force" et est d'origine biblique, lié à la résurrection de Lazare dans le Nouveau Testament.

LAZARE D'origine hébraïque et signifie "Dieu a aidé" ou "Dieu a secouru". Son origine remonte au personnage biblique Lazare de Béthanie, ressuscité par Jésus dans le Nouveau

LÉANDRE Signifie "homme lion" et trouve son origine dans la mythologie grecque.

LÉANDRO D'origine espagnole et signifie "homme courageux" ou "lion brave".

LEANDRU D'origine grecque et signifie "lion courageux".

LEE-ROY D'origine anglo-saxonne composé des éléments "Lee" signifiant "des prés" et "Roy" signifiant "roi", ce qui peut se traduire par "roi des prés".

LEEROY D'origine anglo-saxonne, signifie "roi du peuple" ou "celui qui règne sur le peuple".

LEEVAN D'origine hébraïque, signifie "béni" ou "qui est aimé de Dieu".

LÉLIO D'origine italienne et est dérivé du nom latin Laelius, signifiant "loyal" ou "digne de confiance".

LÉNAËL D'origine bretonne et signifie "enfant de la lumière" ou "fils de la lumière".
LÉNI Signifie "courageux" et est d'origine germanique.
LENNY Signifie "brave lion" et est d'origine grecque.
LÉNO D'origine basque et signifie "lion".
LÉNY D'origine allemande et signifie "audacieux" ou "lion brave".
LENZO Signifie "lion" et trouve son origine dans la culture italienne.
LÉO Le prénom Léo est un diminutif du prénom Léonard, d'origine latine, qui signifie "lion" ou "brave".
LÉO-PAUL D'origine française qui est une combinaison des prénoms Léo et Paul, signifiant "lion" (Léo) et "petit" (Paul).
LÉON Signifie "lion" en latin et est d'origine grecque.
LÉONARD Signifie "lion courageux" et trouve son origine dans le vieux germanique.
LEONARDO D'origine italienne et signifie "brave comme un lion".
LÉONCE Signifie "lion" en grec et provient du nom latin "Leo".
LEONE Signifie "lion" en italien et en latin, il a pour origine le terme latin "leo" qui désigne également le lion.
LÉONIS Signifie "lion" en latin et trouve son origine dans la mythologie grecque avec le personnage du lion de Némée.
LÉOPOLD Signifie "fort dans le peuple" et trouve son origine dans le langage germanique.
LETO D'origine grecque, signifie "cachée" ou "discrète", et est associé dans la mythologie grecque à la mère des dieux jumeaux Apollon et Artémis.
LEV Signifie "lion" et a des origines hébraïques.
LÉVI Signifie "attaché" en hébreu et il est d'origine biblique, étant le nom du troisième fils de Jacob et de Léa dans l'Ancien Testament.
LÉVON Signifie "lion" en arménien et il est d'origine arménienne.
LÉVY Signifie "attaché" en hébreu et trouve son origine dans la tradition biblique, notamment grâce à la tribu de Lévi.
LEWIS D'origine anglaise, signifie "guerrier célèbre" ou "fort".
LEWYS D'origine galloise et dérive du prénom anglais "Lewis". Il signifie "célèbre guerrier" ou "illustre combattant".
LÉYAN D'origine arabe et signifie "compagnon, ami fidèle".
LEYANN D'origine bretonne et signifie "valeur divine".
LEYTH Signifie "lion" en arabe et il a des origines arabes et persanes.
LÏAM D'origine irlandaise, signifie "protecteur dévoué" ou "volonté forte".
LIANDRO Signifie "homme libre" et a une origine grecque.
LIANO D'origine italienne et signifie "lion", symbolisant la force et le courage.
LIHAM Le prénom LIHAM est un prénom mixte d'origine arabe qui signifie "les mots" ou "les paroles".
LILIAN Signifie "lys" et a des origines latines et anglaises.
LILIO Le prénom Lilio a une signification incertaine mais il est d'origine latine.
LILYO Signifie "lys" en hébreu et il est d'origine hébraïque.
LINO D'origine espagnole et italienne. Il est dérivé du prénom Alfonso, qui signifie "noble" ou "prêt pour la bataille".
LION Signifie "lion" et a une origine latine.
LIONEL Signifie "lion" en latin et est d'origine française.
LIOR Signifie "ma lumière" en hébreu et il est d'origine biblique.
LIRON Signifie "mon chant" en hébreu et il est d'origine israélienne.
LIROY Signifie "mon lion" en hébreu, il est d'origine biblique.
LISANDRE Signifie "homme qui protège" et trouve son origine dans le prénom grec "Lysander".
LISANDRO Signifie "homme libérateur" et trouve son origine dans la langue grecque.
LISANDRU D'origine grecque et signifie "libérateur de l'humanité".

LISSANDRE D'origine grecque et signifie "homme qui défend les hommes".
LISSANDRO D'origine grecque et signifie "l'homme qui protège".
LIVAÏ Signifie "mon attachement à Dieu" en hébreu et est d'origine biblique, faisant référence à un personnage de l'Ancien Testament.
LIVIO Signifie "lion" en latin et est d'origine italienne.
LIVIU Signifie "lion" et est d'origine roumaine.
LIYAM Signifie "aimé par Dieu" en arabe et il a une origine musulmane.
LIZANDRO D'origine espagnole et signifie "défenseur de l'humanité".
LIZIO D'origine bretonne et signifie "joyeux" ou "heureux".
LOAN D'origine vietnamienne et signifie "fleur de lotus", symbolisant la pureté et l'élégance.
LOANN Le prénom LOANN est un prénom mixte d'origine bretonne, dérivé du prénom breton "Loan" qui signifie "Lion".
LOËN Variante bretonne du prénom Laurent qui signifie "couronné", et il trouve son origine dans la langue latine.
LOËNN Signifie "lumière" et a une origine bretonne.
LOËVAN D'origine bretonne et signifie "joyau" ou "lumière".
LOËVANN D'origine bretonne et signifie "joie de la mer".
LOGAN D'origine gaélique et signifie "petit guerrier".
LOGANN D'origine bretonne et signifie "l'élu de Dieu".
LOGHAN Signifie "petit guerrier" et trouve son origine dans la culture gaélique irlandaise.
LOHAN D'origine irlandaise et signifie "guerrier célébré".
LOÏC Signifie "combattant illustre" et tire ses origines du prénom irlandais "Lugaid", qui
LOÏS Signifie "guerrier" et a des origines hébraïques.
LOKMAN D'origine arabe et signifie "sage" ou "intelligent".
LOMIG Signifie "demeure du saint" en breton et est d'origine celtique.
LONI D'origine allemande et signifie "brave lion".
LONNI D'origine américaine et signifie "aimé(e) de Dieu".
LONNY D'origine anglo-saxonne et signifie "brave" ou "loyal".
LONY Signifie "lionne" et est d'origine latine.
LOQMAN D'origine arabe et signifie "sage".
LORENZO Signifie "celui qui est couronné de laurier" et provient de l'italien.
LORIS D'origine italienne, signifie "l'homme de la ville aux lauriers" et est dérivé du prénom latin "Laurentius".
LORYS D'origine grecque et signifie "celui qui est sage".
LOU Signifie "combat pour la lumière" et trouve son origine dans les prénoms germaniques tels que Ludwig ou Louis.
LOUAÏ Le prénom Louaï est un prénom masculin d'origine arabe qui signifie "lion".
LOUAN Signifie "combat" ou "guerrier" et a une origine bretonne.
LOUAY D'origine arabe et signifie "brave" ou "vaillant".
LOUCA D'origine grecque et signifie "lumière" ou "brillant".
LOUCAS Variante du prénom Lucas, d'origine grecque, signifiant "homme de Lumière".
LOUEY D'origine arabe signifiant "le guerrier" ou "le noble".
LOUIS D'origine germanique qui signifie "célèbre au combat" et était porté par de nombreux rois et saints.
LOUISON Le prénom Louison est un dérivé du prénom Louis, d'origine germanique, signifiant "célèbre au combat".
LOUKA Signifie "lumière" en grec et trouve son origine dans la langue hébraïque, où il
LOUKAS Signifie "homme libre" et trouve son origine dans les prénoms grecs, dérivé de Lucas.
LOUNES D'origine berbère et signifie "lion".
LOUNIS Le prénom LOUNIS a une origine berbère et signifie "compagnon" ou "ami fidèle".
LOUP Signifie "loup" et ses origines remontent au latin "lupus".

LOUQMAN Signifie "sage" et a une origine arabe.
LOURENÇO Signifie "celui qui est couronné de lauriers" et il a une origine portugaise.
LOWEN Signifie "lion" en cornique et il est d'origine celte.
LOWENN Signifie "joie" en breton et est d'origine celtique.
LUAN D'origine chinoise et signifie "nuage de joie".
LUBIN D'origine polonaise, dérivé du prénom Lubomir, signifiant "ceux qui sont aimés par Dieu" ou "ceux qui sont aimables".
LUC D'origine latine et signifie "lumière".
LUCA Signifie "homme de Lucanie" et trouve son origine dans la région de Lucanie, en Italie.
LUCAS Signifie "lumière" en latin et trouve son origine dans le nom grec Lukas qui
LUCCA Signifie "lumière" en italien et il trouve son origine dans la ville de Lucques en Toscane, en Italie.
LUCIAN Signifie "lumineux" ou "brillant" et a des origines latines.
LUCIANO Signifie "lumière" et vient du latin "Lucianus", dérivé de "lux" qui
LUCIEN Le prénom masculin Lucien signifie "lumineux" et vient du latin "lucius", signifiant "lumière".
LUCIO Signifie "lumière" et tire son origine du latin "lux", qui
LUDOVIC Signifie "protecteur du peuple" et est d'origine germanique.
LUDWIG D'origine germanique et signifie "célèbre guerrier".
LUIS Signifie "célèbre guerrier" et est d'origine germanique.
LUKA Signifie "lumière" en serbo-croate et il est d'origine slave.
LUKAS D'origine grecque, signifie "l'homme originaire de Lucanie" ou "le porteur de lumière".
LUKE Signifie "lumière" et est d'origine anglaise.
LUKEN D'origine basque et signifie "loup".
LUQMAN Signifie "sage" en arabe et trouve son origine dans le personnage biblique de Lucius, qui était réputé pour sa sagesse et son intelligence.
LYAD D'origine arabe et signifie "lion" ou "brave".
LYAM D'origine anglo-saxonne et signifie "déterminé" ou "volontaire".
LYANN D'origine américaine et signifie "joyeux" ou "heureux".
LYANO D'origine hawaïenne et signifie "homme noble".
LYÈS LYÈS est un prénom masculin d'origine arabe qui signifie "lion" et qui est souvent associé à la force et au courage.
LYHAM Signifie "homme généreux" et trouve son origine dans la langue anglaise.
LYLIO Signifie "petit lys" et est d'origine française.
LYNO Le prénom Lyno est un prénom masculin d'origine américaine qui signifie "lion".
LYO D'origine grecque et signifie "lion".
LYOR D'origine hébraïque et signifie "Lumière de Dieu".
LYORIS D'origine grecque et signifie "lyre d'or".
LYRON Signifie "brave lion" et a une origine américaine.
LYSANDRE Signifie "homme libérateur" et trouve son origine dans la Grèce antique.
LYSANDRO Signifie "homme libérateur" et trouve son origine dans le prénom grec Lysandros.
LYSIO Signifie "libre" en grec et trouve son origine dans la mythologie, notamment avec le personnage de Prométhée.
LYSSANDRE Signifie "homme qui est défenseur de l'humanité" et trouve son origine dans la Grèce antique.
LYSSANDRO D'origine grecque et signifie "défenseur de l'humanité" ou "homme qui protège".
LYVAN Signifie "héritier du lion" et son origine n'est pas clairement définie.
LYVANN Signifie "fils de Lumière" et trouve son origine dans les langues bretonnes.
LYVIO D'origine latine et signifie "homme de la vallée".
LYWEN Signifie "béni" en gallois et est d'origine celte.
LYZIO Le prénom LYZIO n'a pas de signification particulière et n'a pas d'origine connue. Il s'agit donc d'un prénom inventé ou très rare.

MACÉO Signifie "don de Dieu" et a une origine grecque, dérivé du prénom Macédonio.
MADEN MADEN est un prénom mixte d'origine turque signifiant "fer" ou "riche en fer".
MADI Signifie "qui est joie" ou "celui qui est joyeux" et il a des origines arabes et africaines.
MADY MADY est un prénom mixte d'origine bretonne signifiant "bonheur" ou "joyeux".
MADYAN D'origine arabe et signifie "habitant de la ville de Madyan".
MAÉ Signifie "grande" ou "bien-aimée" et est d'origine bretonne.
MAËL D'origine bretonne et signifie "prince" ou "chef de clan".
MAËLAN D'origine bretonne. Il est principalement masculin et signifie "prince en mer".
MAËLANN Signifie "princesse" en celtique et est d'origine bretonne.
MAËLIO D'origine bretonne et signifie "prince bienveillant".
MAËLO Signifie "prince" en breton et il est d'origine celtique.
MAËLYO D'origine bretonne et est dérivé du prénom Maël, signifiant "prince" ou "chef".
MAËRON D'origine bretonne et signifie "marin" ou "mer".
MAËRONN Signifie "bien-aimé" et il est d'origine bretonne.
MAGNUS Signifie "grand" ou "illustre" en latin. Son origine remonte aux temps anciens, notamment en Scandinavie où il était souvent porté par des rois et des hommes d'une grande valeur.
MAHAMAD Signifie "béni de Dieu" en arabe et il est d'origine arabo-africaine.
OU
MAHAMED Signifie "loué" ou "digne de louanges" en arabe. Il est dérivé du prénom Mohammed, qui est très répandu dans la religion musulmane.
MAHAMET Signifie "issu de la postérité de Mahomet" et trouve son origine dans l'islam.
MAHDI Signifie "le bien-guidé" en arabe et est d'origine musulmane, faisant référence à une figure messianique qui est attendue par certains courants de l'islam pour apporter la justice et la paix dans le monde.
MAHDY D'origine arabe et signifie "guide" ou "guide spirituel".
MAHÉ D'origine bretonne et signifie "bienvenue" ou "bien-aimé".
MAHEDINE D'origine arabe et signifie "guide" ou "celui qui montre la voie".
MAHËL Signifie "prince" et a des origines bretonnes.
MAHER Le prénom masculin MAHER est d'origine arabe et signifie "habile" ou "talentueux".
MAHIR Signifie "intelligent" en arabe et trouve son origine dans la culture musulmane.
MAHMOUD Signifie "digne de louange" et trouve son origine dans les cultures arabes et persanes.
MAHO D'origine japonaise et signifie "sincère" ou "vrai".
MAÏDINE Signifie "celle qui est belle" en arabe et il est d'origine orientale.
MAÏLEY D'origine vietnamienne, signifiant "délicate fleur de prunier".
MAÏLO D'origine polynésienne et signifie "plume" ou "oiseau".
MAJD D'origine arabe et signifie "gloire" ou "majesté".
MAKAN Signifie "manger" en turc, et trouve son origine dans cette langue.
MAKSEN D'origine russe et dérive du prénom Maxim, signifiant "le plus grand" en latin.
MAKSIM Signifie "le plus grand" et a une origine slave.
MALAMINE Signifie "celui qui est béni" et provient de l'arabe.
MALCOLM Signifie "disciple de Saint Columba" et a une origine écossaise.
MALEK D'origine arabe, signifiant "roi" ou "souverain".
MALICK Signifie "roi" ou "maître" et trouve ses origines dans la culture arabe.
MALIK Signifie "roi" en arabe et a une origine islamique.
MALIKI Signifie "roi" en arabe, et son origine est liée à la culture arabe et islamique.
MALLÉ D'origine africaine, notamment malienne, et signifie "celui qui est puissant".
MALLORY D'origine normande et signifie "malheur" ou "malchanceux".
MALO Signifie "prince" ou "chef" en breton et tire son origine de saint Malo, un moine évangélisateur au Vème siècle en Bretagne.
MALOÉ D'origine bretonne signifiant "prince célèbre".
MALONE D'origine irlandaise, signifie "serviteur dévoué à saint Jean" ou "descendant de la servante de saint Jean".

MALONN D'origine bretonne et signifie "adorable", "douce" ou "délicate".
MALORY Signifie "counselor" ou "ruler" en vieil anglais, et il est dérivé du nom de famille normand "Malet" qui
MAMADI D'origine africaine, signifie "celui qui est béni" ou "celui qui rend grâce à Dieu".
MAMADOU Signifie "bien aimé de Dieu" et vient de l'arabe.
MAMADY D'origine africaine et signifie "celui qui est béni" ou "celui qui est aimé par Dieu".
MAMOUDOU D'origine arabe, signifie "celui qui est loué" ou "celui qui est remercié".
MANAO Signifie "être aimé" ou "chéri" en malgache, et il est d'origine malgache.
MANEL Le prénom MANEL est généralement d'origine arabe et signifie "celle qui est aimée et désirée".
MANI Signifie "joyau" et trouve ses origines dans la culture persane.
MANIL D'origine hindoue qui signifie "joyeux" ou "plein de vie".
MANOA Signifie "repos" en hébreu et trouve son origine dans la ville de Manoah, qui est mentionnée dans la Bible comme étant le lieu de naissance du célèbre héros biblique
MANOAH Signifie "repos" ou "qui donne le repos" en hébreu. Il est d'origine biblique, faisant référence au père de Samson dans l'Ancien Testament.
MANOÉ D'origine hawaïenne qui signifie "l'oiseau du paradis".
MANOLO D'origine espagnole et est généralement considéré comme un diminutif du prénom Manuel. Il signifie "Dieu est avec nous" ou "Dieu est parmi nous".
MANSOUR Signifie "victorieux" en arabe et trouve son origine dans la culture musulmane.
MANUEL Signifie "Dieu est avec nous" en hébreu et a des origines latines.
MAO Signifie "véritable" ou "vrai" en chinois et tire son origine du nom d'une ancienne dynastie chinoise, les Zhou.
MAOULIDA Le prénom Maoulida trouve son origine dans la culture comorienne et signifie "celui qui est comblé de bénédictions".
MARA D'origine hébraïque et signifie "amère" ou "triste".
MARC D'origine latine, signifie "guerrier" ou "consacré à Mars" (dieu de la guerre dans la mythologie romaine).
MARC-ANGE Signifie "Messager de Dieu" et trouve son origine dans la combinaison des prénoms Marc et Ange.
MARC-ANTOINE D'origine latine et symbolise la combinaison des prénoms "Marc" et "Antoine", qui signifie "combattant" et "inestimable", respectivement, donnant ainsi une signification de "combattant inestimable".
MARC-AURÈLE Signifie "consacré à Mars" et trouve son origine dans la fusion des prénoms "Marc" et "Aurèle".
MARC'ANDRIA Signifie "guerrier" et est d'origine italienne.
MARCEAU Le prénom MARCEAU a une origine latine et signifie "jeune homme dévoué à Mars", en référence au dieu de la guerre dans la mythologie romaine.
MARCEL Signifie "petit marteau" et est d'origine latine.
MARCELLO Signifie "petit marteau" en latin et il trouve son origine dans le prénom Marcel, dérivé du nom de famille romain "Marcus".
MARCELLU D'origine latine et signifie "jeune guerrier".
MARCO D'origine italienne et signifie "mâle viril" ou "combatif".
MARCUS Signifie "guerrier" en latin et il tire son origine de la Rome antique.
MARIANO D'origine italienne et signifie "appartenant à Mars", faisant référence au dieu romain de la guerre.
MARIN Signifie "de la mer" et trouve son origine dans le latin "marinus".
MARIO D'origine italienne et signifie "homme viril" ou "maritime".

MARIUS D'origine latine qui signifie "consacré à Mars" ou "guerrier".

MARK Mark est un prénom masculin d'origine latine qui signifie "consacré à Mars, le dieu de la guerre".

MARKUS D'origine latine et signifie "consacré à Mars", faisant référence à la divinité romaine de la guerre.

MARLEY Signifie "du bois de mer" et provient de l'ancien anglo-saxon, mara, qui

MARLO D'origine anglaise et signifie "marais célèbre".

MARLON Signifie "petit faucon" et a une origine incertaine, mais il est souvent associé à l'acteur américain Marlon Brando.

MARLONE D'origine anglo-saxonne et signifie "fameux dans le pays".

MARLONN D'origine anglo-saxonne et est une variante du prénom MARLON. Il signifie "faucon d'une terre célèbre".

MARLOW Signifie "colline marécageuse" et trouve son origine dans les noms de lieux en Angleterre et en Allemagne.

MAROUANE Signifie "cavalier" et est d'origine arabe.

MARTIM Signifie "guerrier fort" et a une origine germanique.

MARTIN Signifie "guerrier" en latin. Il tire son origine du nom de famille romain "Martinus", dérivé de "Mars", le dieu romain de la guerre.

MARTINO D'origine italienne et il est dérivé du prénom Martin, qui signifie "guerrier" ou "dédié à Mars" en latin.

MARTY D'origine latine et signifie "guerrier" ou "celui qui est consacré à Mars".

MARVENS Signifie "fameux ami" et a une origine latine.

MARVIN Signifie "ami de la mer" et a une origine anglaise.

MARVYN D'origine anglo-saxonne et signifie "ami de la mer".

MARWAN Signifie "celui qui est lumineux" ou "celui qui brille" en arabe. Il a une origine arabe et est également utilisé dans d'autres régions du Moyen-Orient et d'Afrique du Nord.

MARWANN D'origine arabe et signifie "celui qui est béni par Dieu" ou "celui qui est aimé de Dieu".

MASSIL D'origine arabe qui signifie "fort, puissant".

MASSIMO Signifie "le plus grand" en italien et trouve son origine dans la langue latine.

MASSINISSA Signifie "celui qui unit les hommes" et il est d'origine berbère.

MASSYL D'origine berbère et signifie "celui qui est aimé" ou "celui qui est chéri".

MASTEN D'origine anglaise et signifie "ville fortifiée" ou "habitant de la colline".

MATEI D'origine roumaine et signifie "don de Dieu".

MATÉO Le prénom Matéo vient de l'hébreu "Matthias" et signifie "don de Dieu".

MATEUS D'origine hébraïque et signifie "don de Dieu".

MATHÉIS D'origine hébraïque et signifie "don de Dieu".

MATHÉO Signifie "don de Dieu" et a pour origine le prénom hébreu Matthieu.

MATHIAS Signifie "don de Dieu" et trouve son origine dans la Bible, étant la forme grecque du prénom hébreu Matthieu.

MATHIEU D'origine hébraïque, signifie "don de Dieu".

MATHIS D'origine hébraïque et signifie "don de Dieu".

MATHURIN Signifie "don du ciel" et trouve son origine dans le prénom latin Maternus, lui-même dérivé du prénom Mathieu ou Matthieu.

MATHYS D'origine grecque, est une variante du prénom Mathieu, qui signifie "don de Dieu".

MATIA Signifie "don de Dieu" et trouve son origine dans les pays basques.

MATIAS D'origine espagnole et dérive du prénom hébreu "Matthias", qui signifie "don de Dieu".

MATILIN D'origine celte qui signifie "force de l'ours" ou "petit lion".

MATIS Le prénom Matis vient du prénom hébreu Matithyah et signifie "don de Dieu".

MATISSE Signifie "celui qui maîtrise les arts" et tire son origine du nom de famille du célèbre peintre français, Henri Matisse.

MATT D'origine hébraïque et signifie "don de Dieu".
MATTÉO D'origine italienne et est dérivé du prénom Matthieu. Il signifie "don de Dieu" ou "cadeau de Dieu".
MATTEU Le prénom MATTEU a une origine hébraïque et signifie "don de Dieu".
MATTHÉO D'origine biblique et signifie "don de Dieu".
MATTHEW Le prénom Matthew provient de l'hébreu "Matityahu" et signifie "don de Dieu".
MATTHIAS Signifie "don de Dieu" et provient de l'hébreu "Mattathias".
MATTHIEU Le prénom Matthieu tire son origine de l'hébreu "Mattathias" et signifie "don de Dieu".
MATTIA D'origine italienne et signifie "don de Dieu".
MATTIN Signifie "matin" en basque et fait référence au début de la journée.
MATTIS D'origine scandinave et signifie "don de Dieu" ou "cadeau de Dieu".
MATYS D'origine polonaise et signifie "don de Dieu".
MAURICE Le prénom Maurice vient du latin "Maurus" signifiant "mauresque", en référence aux peuples berbères. Il est souvent associé à la notion de force et de patronage.
MAX Signifie "le plus grand" et trouve son origine dans le prénom latin Maximus.
MAXENCE D'origine latine qui signifie "le plus grand, le plus éminent". Son origine remonte à l'époque de l'empire romain.
MAXIM Signifie "le plus grand" et il provient du latin "Maximus".
MAXIME Signifie "le plus grand" et trouve son origine dans la langue latine.
MAXIMILIEN Signifie "le plus grand" et trouve son origine dans le prénom latin Maximilianus, dérivé du mot maximus qui
MAYAS Signifie "celui qui est né en mai" et il a des origines arabo-musulmanes.
MAYDEN Signifie "fille de la mer" et trouve son origine dans la langue ancienne irlandaise.
MAYEL Signifie "rayon de soleil" en langue mapuche et est d'origine chilienne.
MAYEUL Signifie "celui qui est digne et respecté" et il a une origine bretonne.
MAYLAN Signifie "belle étoile" et est d'origine amérindienne.
MAYLANN D'origine amérindienne et signifie "fleur de printemps".
MAYLO Signifie "respectable" ou "noble" et a une origine incertaine. Il peut être d'origine hawaïenne ou être une variante du prénom Maël qui vient du breton et
MAYLON D'origine anglaise qui signifie "fils de Mary" ou "fils du capitaine".
MAYLONE D'origine amérindienne et signifie "jeune loup".
MAYLONN Le prénom Maylonn est une variation du prénom Maëlys, d'origine bretonne, signifiant "princesse".
MAYRON D'origine hébraïque et signifie "qui est béni".
MAYRONE D'origine brésilienne qui signifie "homme fort".
MAYRONN Signifie "bénédiction de Dieu" et il a une origine hébraïque.
MAYSON Signifie "fils de Matthew" et est d'origine anglaise.
MAZEN La signification du prénom Mazen est "la consolation" ou "le réconfort" et il a une origine arabe.
MÉDINE Signifie "ville" en langue arabe et trouve ses origines dans l'islam, en référence à la ville sainte de Médine en Arabie Saoudite où le prophète Mahomet a vécu et est enterré.
MEHDI Signifie "le bien guidé" en arabe et trouve son origine dans la religion musulmane, faisant référence à l'Imam Mehdi, le sauveur attendu dans le chiisme.
MEHDY Signifie "louable" et trouve son origine dans la langue arabe.
MEHMET Signifie "le loué" en turc et est d'origine turque.
MEÏR D'origine hébraïque et signifie "lumière" ou "illuminé".
MELCHIOR Signifie "roi" en hébreu et son origine remonte au personnage biblique des Rois Mages qui ont visité Jésus à sa naissance.
MELEN D'origine bretonne et signifie "miel" ou "ambroisie".
MELIH Signifie "beau, gracieux" en turc et il a une origine turque.
MÉLIO Signifie "aimé", "cher" en latin et il a des origines romaines.

MELVIL Signifie "le prince sage" et il trouve son origine dans l'association de deux prénoms celtiques : Mel, qui

MELVIN D'origine anglo-saxonne qui signifie "ami du conseil" ou "ami loyal".

MELVYN Signifie "chef de colline" et a des origines celtes.

MENAHEM Signifie "consolateur" ou "celui qui réconforte" en hébreu et son origine remonte à l'Ancien Testament.

MENDEL D'origine hébraïque qui signifie "qui console" ou "qui réconforte".

MENZO D'origine japonaise et signifie "porte aux bienfaits".

MERLIN Signifie "faucon de la mer" et provient de la légende arthurienne, où Merlin était un puissant sorcier et conseiller du roi Arthur.

MÉWEN Signifie "petite fille douce" en breton, et son origine est celte.

MEYLAN D'origine bretonne et signifie "petit chef" ou "chef de petite taille".

MICAEL D'origine hébraïque et signifie "qui est comme Dieu".

MICHAËL Le prénom MICHAËL vient de l'hébreu et signifie "qui est semblable à Dieu". Il est d'origine biblique, faisant référence à un archange dans les traditions juive, chrétienne et musulmane.

MICHEL D'origine hébraïque, signifie "qui est semblable à Dieu" ou "qui est comme Dieu".

MICKAËL Signifie "qui est semblable à Dieu" et trouve son origine dans l'hébreu biblique, faisant référence à l'archange Michel.

MIGUEL Signifie "qui est comme Dieu" et trouve son origine dans le prénom hébreu Michael.

MIKAËL Signifie "qui est comme Dieu" et trouve son origine dans la culture hébraïque.

MIKAÏL Signifie "Qui est semblable à Dieu" en arabe et il trouve son origine dans la tradition religieuse et la culture musulmane.

MIKE Variante diminutive du prénom Michael, d'origine hébraïque, qui signifie "Qui est comme Dieu ?".

MIKEL D'origine basque et signifie "Qui ressemble à Dieu".

MILÀN Signifie "aimé" en slave et son origine remonte à la Hongrie.

MILANE Signifie "aigle royal" et est d'origine slovaque ou tchèque.

MILANN Signifie "gracieux, aimé" et il a une origine mixte, à la fois moderne et influencée par le prénom milanais italien pour les garçons.

MILHÂN Milhân est un prénom arabe masculin qui signifie "qui a reçu un don", "généreux" ou "bienfaisant".

MILHANE Signifie "bienfaisant" en arabe et trouve son origine dans la culture musulmane.

MILIO D'origine basque, signifie "favori" ou "bien-aimé".

MILO Signifie "aimé, bien-aimé" et est d'origine germanique.

MIRAÇ Signifie "ascension" en turc et trouve son origine dans la tradition musulmane qui fait référence à l'ascension du prophète Mohammed vers les cieux.

MIRAN Le prénom Miran vient du persan et signifie "calme et paisible".

MIRHAN Signifie "noble" ou "digne de respect" et est d'origine arabe.

MIRZA D'origine persane qui signifie "prince" ou "noble" et est souvent utilisé dans les cultures musulmanes.

MISHA Signifie "don de Dieu" et trouve ses origines en Russie et en Ukraine.

MIYAZ D'origine japonaise et signifie "belle lune".

MOCTAR Signifie "élu" en arabe et il est d'origine arabe.

MODIBO D'origine africaine, plus précisément mandingue, et signifie "celui qui vient en paix".

MODY D'origine africaine et signifie "celui qui est aimé de Dieu" ou "celui qui est béni par Dieu".

MOHAMAD D'origine arabe et signifie "loué" ou "digne de louange".

MOHAMED Signifie "le loué" et est d'origine arabe, il est très répandu dans le monde musulman en référence au prophète Mahomet.

MOHAMED-ALI Signifie "loué et noble" en arabe et rend hommage à Mohamed Ali, le célèbre boxeur américain d'origine égyptienne.

MOHAMED-AMINE D'origine arabe et signifie "le digne de confiance, le loyal".

MOHAMED-AMIR D'origine arabe et signifie "celui qui est digne de confiance et noble".

MOHAMED-LAMINE Le prénom Mohamed-Lamine est un prénom arabe qui signifie "le digne de louange et de clémence". Il est couramment utilisé dans les pays musulmans et est basé sur les croyances et les valeurs islamiques.

MOHAMMAD D'origine arabe et signifie "loué, digne d'éloges".

MOHAMMED Signifie "loué, glorifié" et vient de l'arabe. Il est souvent associé au prophète Mohammed, fondateur de l'islam.

MOHAN Signifie "charmeur" ou "séduisant" en sanskrit et trouve son origine en Inde.

MOÏSE Signifie "sauvé des eaux" et trouve son origine dans le personnage biblique du même nom qui a été sauvé des eaux du Nil étant bébé.

MORGAN Signifie "homme de la mer" et a des origines celtiques.

MORY D'origine africaine et signifie "celui qui est joyeux" ou "celui qui apporte la joie".

MOUAD Signifie "la promesse" en arabe et trouve ses origines dans la culture musulmane.

MOUADH D'origine arabe et signifie "protecteur, serviteur de Dieu".

MOUAYAD Signifie "le soutien" ou "l'appui" et trouve son origine dans la langue arabe.

MOUBINE Signifie "évident" en arabe et trouve son origine dans la culture musulmane.

MOUCTAR D'origine arabe et signifie "élu" ou "choisi".

MOUHAMAD D'origine arabe et signifie "digne de louange".

MOUHAMADI Signifie "digne de louanges" et a une origine arabe.

MOUHAMADOU Signifie "loué" en arabe et il est d'origine musulmane.

MOUHAMED D'origine arabe et signifie "loué" ou "digne de louanges".

MOUHAMMAD Signifie "loué, digne de louange" en arabe et il est d'origine arabe, étant le nom donné au dernier prophète de l'islam, Mahomet.

MOULAY Signifie "mon seigneur" en arabe et est d'origine marocaine.

MOUMINE Signifie "croyant" en arabe et peut faire référence à une personne pieuse et dévouée envers sa foi. Son origine provient de l'islam.

MOUNIR Signifie "illuminateur" ou "celui qui apporte la lumière" et tire son origine de la langue arabe.

MOURAD Signifie "le désir", "le souhait exaucé" en arabe et trouve ses origines dans la culture musulmane.

MOUSLIM Signifie "celui qui est soumis à Allah" en arabe et trouve son origine dans la religion musulmane.

MOUSSA Signifie "Moses" en arabe et il trouve son origine dans le personnage biblique de Moïse.

MOUSTAFA Signifie "choisi" ou "élu" en arabe et est d'origine arabe.

MOUSTAPHA Signifie "élu" ou "préféré" en arabe, il tire son origine de l'Islam et fait référence à la personne choisie et aimée par Dieu.

MUAZ D'origine arabe et signifie "sauveur" ou "protecteur".

MUHAMAD D'origine arabe et signifie "loué, digne de louanges".

MUHAMED D'origine arabe et signifie "digne de louange".

MUHAMMAD D'origine arabe, signifie "loué" ou "digne de louange" et est également le nom du dernier prophète de l'islam, Muhammad.

MUHAMMED D'origine arabe et signifie "loué" ou "digne de louanges".

MUSA Signifie "Moïse" en arabe et en hébreu, et il trouve son origine dans le personnage biblique de Moïse, qui est considéré comme un prophète majeur dans les religions juive, chrétienne et musulmane.

MUSAB Signifie "celui qui est fort et résolu" en arabe, et il a une origine islamique.
MUSTAFA Signifie "l'élu" ou "préféré" en arabe et il est d'origine arabe.
MUSTAPHA Signifie "élu" ou "choisi" en arabe et il est d'origine musulmane.
MYLAN Signifie "aimé" en breton et il est également d'origine celte/gaélique.
MYLANN D'origine celtique et signifie "lionne".
MYLHAN La signification du prénom Mylhan est "celui qui est doux" et il est d'origine turque.
MYLIANO La signification du prénom Myliano est "celui qui vient de Milan" et son origine est italienne.
MYLLAN D'origine bretonne et signifie "petit roi".
MYLO D'origine incertaine mais il est souvent considéré comme une variante du prénom Milo. Il signifie "aimé" ou "doux" en langue germanique.
NABIL Signifie "noble" en arabe et est d'origine musulmane.
NABY Signifie "noblesse" en langue arabe et trouve son origine dans la culture africaine.
NADAV Signifie "don de Dieu" en hébreu et il a une origine biblique, étant le nom d'un des fils d'Aaron.
NADER Signifie "rare" en arabe et tire son origine du Moyen-Orient.
NADHIR Signifie "alerte" ou "vigilant" et trouve son origine dans la langue arabe.
NADIR Signifie "rare", "précieux" en arabe et trouve son origine dans la culture musulmane.
NADJIM Signifie "étoile brillante" en arabe et il trouve son origine dans cette langue.
NAÉ Signifie "naissance" et a une origine bretonne.
NAËL Le prénom Naël tire ses origines de la langue arabe et signifie "celui qui est généreux".
NAËLAN Naëlan est un prénom masculin d'origine celte qui signifie "élève doué" ou "homme talentueux".
NAHED Le prénom "Nahed" a une origine Arabe et signifie "qui guide vers le droit chemin".
NAHËL Signifie "abeille" en arabe et tire ses origines des cultures arabes et berbères.
NAHER Signifie "rivière" en arabe et peut avoir des origines arabes ou africaines.
NAHÏL Signifie "la source" en arabe et tire ses origines de la culture arabe.
NAHIM Signifie "généreux" en arabe et a une origine dérivée du prénom Nahum, issu de l'Ancien Testament.
NAHYL Signifie "soin" ou "préoccupation" en arabe et est d'origine musulmane.
NAÏL Signifie "victorieux" en arabe et trouve son origine dans la culture musulmane.
NAÏLEY Signifie "belle lumière" ou "belle silhouette" et a une origine arabe.
NAÏM Signifie "qui est agréable, bienfaisant" et a une origine arabe.
NAÏR Signifie "lumière" ou "éclat" en arabe et trouve son origine dans la culture berbère.
NAMORY D'origine africaine et signifie "celui qui est noble et respecté".
NANS Signifie "éclat de bravoure" en celte et provient de la contraction du prénom breton Agnan.
NAO NAO est un prénom mixte d'origine japonaise, signifiant "honnête" ou "direct/e".
NAOR D'origine hébraïque et signifie "la flamme divine" ou "la lumière de Dieu".
NAOUFEL Signifie "bonheur" en arabe et est d'origine tunisienne.
NAREK Signifie "parfait" en arménien et tire son origine de la littérature arménienne médiévale, plus précisément du livre "Le Livre de lamentations" écrit par le moine et poète arménien Grégoire de Narek au Xe siècle.
NASRI Signifie "victorieux" en arabe et est d'origine arabe.
NASSEM Signifie "brisement du vent", d'origine arabe.
NASSER Signifie "protecteur" en arabe et trouve son origine dans le Coran, où il est mentionné comme l'un des noms d'Allah.
NASSERDINE Signifie "victoire de la religion". Il a une origine arabe.
NASSIM Signifie "brise" ou "vent léger" en arabe et provient du nom de la célèbre oasis algérienne "Nassim Sahraoui".

NASSUR Signifie "victorieux" en arabe et trouve son origine dans la culture musulmane.
NASSURDINE Signifie "protecteur de la religion" et trouve son origine dans la culture arabe.
NATALE Signifie "naissance" et provient de l'italien.
NATAN D'origine hébraïque et signifie "don de Dieu".
NATÉO Signifie "don de Dieu" et est d'origine grecque.
NATHAËL Signifie "dieu a donné" et trouve ses origines dans la tradition biblique.
NATHAN D'origine hébraïque et signifie "don de Dieu".
NATHANAËL Signifie "don de Dieu" en hébreu et son origine remonte au Nouveau Testament.
NATHANE D'origine hébraïque. Il signifie "don de Dieu" ou "Dieu a donné".
NATHANIEL Signifie "don de Dieu" et a une origine hébraïque.
NATHÉO Signifie "don de Dieu" et vient de la fusion des prénoms Nathanaël et Théo.
NAVID Le prénom masculin Navid signifie "bonnes nouvelles" en persan et trouve son origine dans la culture iranienne.
NAWAL Signifie "cadeau" en arabe et est d'origine marocaine.
NAWFEL Signifie "noble" en arabe et provient de la culture arabo-musulmane.
NAYAD D'origine arabe et signifie "nymphe de l'eau".
NAYAL Signifie "champion" et trouve son origine dans la langue arabe.
NAYAM D'origine hébraïque et signifie "agrémenté par Dieu".
NAYAN D'origine indienne et signifie "les yeux" en sanskrit.
NAYANE D'origine hindoue et signifie "les yeux".
NAYANN Signifie "celui qui brille" en langue amérindienne et il est d'origine amérindienne.
NAYED Signifie "éminent" ou "illustre" et trouve son origine dans la culture arabe.
NAYEL Signifie "cadeau de Dieu" en arabe et il est d'origine musulmane.
NAYER Signifie "lumière" en arabe et il est d'origine persane.
NAYIL NAYIL est un prénom masculin d'origine arabe, qui signifie "qui discute" ou "qui débat".
NAYIM Signifie "heureux" ou "joyeux" et trouve son origine dans plusieurs cultures, notamment arabe et turque.
NAYLAN D'origine anglaise et signifie "champion" ou "héros".
NAZIM Signifie "organisateur/déterminé" en arabe et a une origine arabe.
NAZIR Signifie "observateur" ou "gardien" en arabe et tire son origine de la culture musulmane.
NÉHÉMIE Signifie "consolé par Dieu" et a une origine biblique, provenant du personnage biblique du même nom.
NEIL Signifie "champion" ou "nuage passionné" en gaélique et trouve son origine en Irlande et en Écosse.
NÉLIO Signifie "rayon de soleil" en portugais et est d'origine latine.
NELSON Signifie "fils de Neil" et son origine est d'origine anglaise.
NÉLYO La signification du prénom NÉLYO est incertaine, mais il est souvent associé à une origine bulgare ou slave.
NÉO Signifie "nouveau" en grec et fait référence à quelque chose de moderne ou de révolutionnaire. Il a gagné en popularité grâce au personnage principal du film "Matrix" sorti en 1999.
NESSIM D'origine hébraïque et signifie "miracle" ou "merveille" en français.
NESTA Signifie "gardiennage" ou "gardien" et trouve son origine dans le gallois.
NESTOR Signifie "celui qui veille" en grec et trouve son origine dans la mythologie grecque, où Nestor était un roi réputé pour sa sagesse et sa diplomatie.
NEVEN Signifie "cher" ou "aimable" en serbe et il a une origine slave.
NEYLAN D'origine turque et signifie "ciel de velours".
NICOLAE D'origine roumaine et il est dérivé du prénom Nicolas, qui signifie "victoire du peuple".
NICOLAS Signifie "victorieux du peuple" et trouve son origine dans le prénom grec Nikolaos, formé des mots nike (victoire) et laos (peuple).

NIDHAL Signifie "sincérité" ou "honnêteté" et a des origines arabes.
NIELS Signifie "champion du peuple" et trouve son origine dans la langue germanique.
NIKITA Signifie "victorieux" en russe et il est généralement utilisé pour les garçons, bien qu'il puisse également être féminin. Il est dérivé du nom grec Niketas.
NIKOLA Signifie "victoire du peuple" et a une origine slave.
NIKOLAS D'origine grecque qui signifie "victoire du peuple".
NIL Signifie "neuve, clair" et est d'origine latine.
NILS D'origine scandinave et signifie "victoire du peuple".
NINHO D'origine africaine et signifie "oiseau" ou "petit oiseau".
NINO D'origine italienne et signifie "le neveu" ou "le petit-fils".
NIZAR Signifie "émerger" ou "briller" en arabe, et son origine remonte à l'époque pré-islamique.
NOA Signifie "agréable" en hébreu et est également d'origine hébraïque.
NOAH Signifie "repos" ou "apaisement" et trouve son origine dans la bible, faisant référence à l'arche de Noé.
NOAM D'origine hébraïque, signifie "agréable, doux".
NOAN Signifie "repos, calme" et a une origine hébraïque.
NOÉ Signifie "repos" en hébreu et fait référence au personnage biblique de Noé, connu pour avoir construit l'arche pour sauver les animaux du déluge.
NOËLAN Signifie "petit Noël" et a une origine française.
NOHA D'origine arabe qui signifie "repos" ou "tranquillité".
NOHAM Signifie "grâce de Dieu" et a une origine hébraïque.
NOHAN D'origine hébraïque, signifie "grâce de Dieu" ou "cadeau de Dieu".
NOHÉ D'origine hébraïque qui signifie "repos" ou "consolation".
NOHLAN D'origine anglaise et signifie "champion des loups".
NOLAN Signifie "champion" ou "fils de nobles" et a une origine irlandaise ou gaélique.
NOLANE D'origine celtique et signifie "enfant courageux".
NOLANN Signifie "champion" et a une origine celtique.
NOLHAN D'origine bretonne et signifie "noble", "illustre" ou "fameux".
NOOR Signifie "lumière" en arabe et trouve son origine dans la culture musulmane.
NORÉ Signifie "lumière divine" et il a une origine arabe.
NOUH D'origine arabe et signifie "repos, tranquillité".
NOUHA D'origine arabe et signifie "cadeau de Dieu".
NOUR Signifie "lumière" en arabe et peut également être interprété comme "don de Dieu".
NOURDINE Signifie "lumière de la religion" en arabe et est d'origine musulmane.
NOUREDDINE Signifie "Lumière de la religion" en arabe et est d'origine musulmane.
NUNO Signifie "enfant" en japonais et il a des origines latines.
NYLAN Signifie "champion" en gaélique et tire son origine des prénoms irlandais et écossais.
NYNO Le prénom NYNO n'a pas de signification établie et son origine est probablement inventée ou peu connue.
OCTAVE Signifie "le huitième" et trouve son origine dans la tradition romaine où il était attribué aux enfants nés au huitième mois de l'année.
ODEI D'origine basque et signifie "guide" ou "celui qui conduit".
ODILON Signifie "riche en pères" et a des origines germaniques.
ODIN Signifie "divinité suprême de la mythologie nordique" et tire son origine de la culture scandinave.
OÏHAN Signifie "forêt" en basque et trouve ses origines dans la culture basque.
OLIVER Signifie "l'olivier" et trouve ses origines dans la langue latine.
OLIVIER Signifie "l'olivier" en latin et trouve son origine dans la nature et la symbolique de cet arbre, synonyme de paix et de force.
OLMO Signifie "orme" en italien et provient du nom de l'arbre orme, symbole de force et de stabilité.

OMAR Signifie "florissant" ou "éloquent" et trouve son origine arabe.

ÖMER Signifie "vie" en arabe. Son origine remonte à l'islam, mais il est également utilisé dans certains pays turcophones.

OREN Signifie "pin" en hébreu et il a une origine biblique, faisant référence à la ville de Bet Oren dans le livre de Josué.

ORION D'origine grecque qui signifie "chasseur" et fait référence à une célèbre constellation de la mythologie grecque.

ORPHÉE Signifie "celui qui charme et apaise les cœurs" et trouve son origine dans la mythologie grecque, étant le nom du célèbre poète et musicien.

ORSO Signifie "ours" en corse et vient du latin "ursus".

OSCAR Signifie "ami de la lance" et trouve son origine dans la culture gaélique et scandinave.

OSKAR Signifie "divin archer" et a des origines allemandes et scandinaves.

OSMAN Signifie " protecteur " en arabe et il est d'origine turque.

OTHMAN Signifie "le plus puissant" en arabe et il est d'origine arabe.

OTHMANE Signifie "jeune serpent" en arabe et provient du nom de famille du troisième calife de l'Islam, Othman Ibn Affan.

OTIS D'origine anglo-saxonne et son sens est "riche, prospère".

OTTO Signifie "riche" ou "prospère" et trouve ses origines dans la culture germanique.

OUMAR D'origine arabe et signifie "le chef qui a de la prospérité".

OURIEL Signifie "Feu de Dieu" en hébreu et trouve son origine dans la culture biblique.

OUSMAN Signifie "le préféré de Dieu" et a une origine arabe.

OUSMANE Signifie "jeune serpent" en arabe, et il a une origine africaine, étant souvent associé à la culture sénégalaise.

OUSSAMA Signifie "lion" en arabe et a une origine coranique, faisant référence à Oussama ibn Zaid, un compagnon du prophète Mahomet.

OUSSAYD D'origine arabe qui signifie "le lion".

OUSSENE D'origine arabe et signifie "bonheur" ou "prospérité".

OUWAYS D'origine arabe et signifie "guidé par Dieu".

OWAYS D'origine arabe et signifie "compagnon loyal et fidèle".

OWEN Signifie "jeune guerrier" et trouve son origine dans la culture celte.

OWENN Signifie "jeune guerrier" et trouve ses origines dans la culture celte.

OWEYSS D'origine arabe qui signifie "petit lion".

PABLO Signifie "petit" en latin et est d'origine espagnole.

PACO PACO est un prénom masculin d'origine hispanique qui est un diminutif de Francisco, signifiant "français" en espagnol, et est généralement utilisé pour désigner une personne aimable et sociable.

PACÔME Signifie "paix" et il trouve son origine dans le grec "Pachomios".

PAOL Signifie "petit" en breton et fait référence à Șaint Paul, originaire de la Bible.

PAOLO D'origine italienne et signifie "petit" ou "modeste".

PASCAL Signifie "relatif à la Pâque" et son origine remonte au latin "paschalis", en référence à la fête religieuse chrétienne de la Pâque.

PATRICK Signifie "noble" en latin et il vient du prénom irlandais "Pádraig" qui

PATXI D'origine basque et signifie "liberté".

PAUL Signifie "petit" en latin et fait référence à saint Paul, l'un des plus importants apôtres du christianisme.

PAUL-ANTOINE Le prénom Paul-Antoine est une combinaison des prénoms Paul, d'origine latine, signifiant "petit" ou "modeste", et Antoine, d'origine grecque, signifiant "qui se nourrit des fleurs". C'est un prénom composé assez courant en France.

PAUL-LOUIS D'origine française et est formé de deux prénoms, "Paul" qui signifie "petit" en latin et "Louis" qui signifie "célèbre guerrier" en germanique.

PAUL-MARIE Signifie "petit, humble" (Paul) et "consacré à Marie" (Marie) et trouve son origine dans la combinaison de deux prénoms bibliques.

PAULIN Signifie "petit Paul" et trouve son origine dans le prénom latin Paulus, qui

PAVEL D'origine slave et signifie "petit" ou "faible".

PEDRO Signifie "pierre" et tire son origine du latin "Petrus".

PEIO PEIO est un prénom masculin d'origine basque, signifiant "pierre" et faisant référence à la force et la solidité.

PETER D'origine grecque, signifie "le roc" ou "la pierre solide".

PETRU D'origine corse et signifie "pierre" en corse.

PETRU-MARIA D'origine roumaine et est un prénom composé masculin qui signifie "Pierre-Marie".

PETRU-SANTU D'origine corse et est une combinaison des prénoms Petru (forme corse de Pierre) et Santu (forme corse de saint). Cela signifie donc "Pierre saint" en français.

PEYO D'origine bretonne et signifie "petit" ou "jeune enfant".

PHARELL Signifie "brillant" ou "clairement lumineux" et est d'origine américaine.

PHARRELL Signifie "vaillant" ou "courageux" et il est d'origine anglaise.

PHILIPPE Signifie "ami des chevaux" et provient du grec ancien "Philippos", composé des termes "phílos" (ami) et "híppos" (cheval).

PIERRE D'origine latine, signifie "rocher" ou "pierre précieuse" et est notamment associé à l'apôtre Pierre dans la tradition chrétienne.

PIERRE-ANGE Signifie "pierre envoyée par Dieu" et provient de la combinaison des prénoms Pierre (qui est d'origine grecque et

PIERRE-ANTOINE Signifie "rocher précieux" et trouve son origine dans l'association des prénoms Pierre et Antoine, qui sont tous deux d'origine biblique.

PIERRE-MARIE D'origine française et signifie "Roche de la mer".

PIERRICK D'origine bretonne et signifie "petit rocher".

PIETRO Signifie "rocher" en italien et il trouve son origine dans la langue grecque grâce au prénom Petros.

PIO Signifie "pieux" ou "dévot" en italien et il a des origines latines.

PRIAM Signifie "très généreux" en grec et tire son origine dans la mythologie grecque, où Priam était le dernier roi légendaire de Troie.

PRINCE Signifie "le prince" en anglais et son origine peut être associée à la noblesse et à la royauté.

QASIM Signifie "distributeur de nourriture" en arabe et trouve son origine dans la culture islamique.

QASSIM Signifie "celui qui distribue" en arabe et est d'origine musulmane.

QAYIM Signifie "qui se tient debout" en arabe, et il a une origine islamique.

QAYS D'origine arabe et signifie "amoureux, passionné".

QAYYIM Signifie "stable, constant" en arabe et il est d'origine arabe.

QUENTIN Signifie "le cinquième" en latin et est d'origine française.

RACHID Signifie "guidé par la droiture" en arabe, et trouve son origine dans la culture musulmane.

RACIM D'origine arabe et signifie "celui qui rassemble".

RADJEN D'origine indienne et signifie "le roi de la guerre" ou "le dominant".

RAËL Signifie "membre de Dieu" et son origine est liée au mouvement religieux contemporain fondé par Claude Vorilhon, alias Raël, qui prétend avoir été contacté par des extraterrestres.

RAFAËL Le prénom Rafaël a uneorigine hébraïque et signifie "Dieu a guéri".
RAHEEM D'origine islamique et signifie "compatissant" ou "miséricordieux" en arabe.
RAHIM Signifie "miséricordieux" en arabe et a une origine religieuse islamique.
RAÏLEY Signifie "courageux" et a une origine incertaine, il peut être d'origine anglaise, irlandaise ou gaélique.
RAÏS Signifie en arabe "chef" ou "capitaine" et trouve son origine dans la tradition musulmane, où il est souvent utilisé pour désigner une personne à la tête d'un groupe ou d'une communauté.
RALI Signifie "celui qui est bienveillant" et est d'origine hongroise.
RALPH Signifie "conseiller loup" et trouve son origine dans les langues germaniques.
RAMI D'origine arabe, signifie "archer" ou "qui lance des flèches".
RAMY Signifie "aimé" ou "bien-aimé" et trouve son origine dans la culture arabe.
RAOUF Signifie "compatissant" ou "miséricordieux" en arabe et trouve son origine dans la culture arabe et musulmane.
RAOUL D'origine germanique, signifie "loup avisé" ou "conseiller célèbre".
RAPHAËL Signifie "Dieu a guéri" en hébreu et trouve son origine dans la Bible, notamment avec l'archange Raphaël qui est mentionné dans le livre de Tobie.
RASLEN Signifie "brave" ou "vaillant" en arabe et trouve son origine dans les pays du Maghreb.
RAYAD Signifie "guidé par Dieu" et trouve son origine dans la langue arabe.
RAYAN Signifie "porte du paradis" en arabe et a des origines musulmanes.
RAYANE Signifie "qui est béni par Dieu" et a une origine arabe.
RAYANN Signifie "roi généreux" et est d'origine arabe.
RAYED Signifie "guidé" ou "celui qui montre le chemin" et il trouve son origine dans la culture arabe.
RAYEL Signifie "lumière de Dieu" et a des origines hébraïques.
RAYEN Signifie "fleur unique" en langue Mapuche, une tribu amérindienne du Chili.
RAYHAN Signifie "parfum des fleurs" en arabe et est d'origine arabe.
RAZAKOU D'origine africaine et signifie "celui qui veille sur les autres".
RÉDA Signifie "celui qui est bien guidé" en arabe. Il est d'origine arabe et est souvent donné en référence à la personne qui suit les enseignements religieux et est proche de Dieu.
RÉHAN Signifie "parfum des rois" ou "motif du roi" et a des origines persanes.
REJAN Signifie "roi" en breton et est d'origine celte.
RÉMI Signifie "celui qui a été racheté" et trouve son origine dans la langue latine.
RÉMY Signifie "celui qui vient de Remiremont" et trouve son origine dans le prénom latin Remigius.
RIAD Signifie "jardin" en arabe et trouve son origine dans la culture arabe.
RICARDO Signifie "fort et puissant" et a une origine espagnole.
RICHARD D'origine germanique signifie "roi puissant" et a été porté par de nombreux rois et nobles au cours de l'histoire.
RILÈS D'origine arabe qui signifie "aimé, chéri".
RILEY D'origine anglo-saxonne et vient du mot "riegléah", signifiant "clairière de ruisseau". Il est principalement donné comme prénom mixte aux garçons et aux filles.
RIO Signifie "rivière" en espagnol et en portugais, et trouve son origine dans les langues latines.
RION Signifie "roi" et trouve son origine dans la culture gaélique.
RITHVIK Signifie "sage" en sanskrit et il est d'origine indienne.
RIYAD D'origine arabe et signifie "jardins" ou "paradis".
ROAN Signifie "petit rouquin" et trouve ses origines anglo-saxonnes.
ROBERT Signifie "célèbre par sa renommée" et trouve son origine dans le germanique "hrod" (gloire) et "berht" (brillant).

ROBIN D'origine anglo-saxonne et signifie "brillant", "célèbre".
ROBINSON Signifie "fils de Robin" et est d'origine anglaise.
ROCH Signifie "rocher solide" et trouve son origine dans le prénom germanique "Hroc" ou "Hrocc".
RODRIGO Signifie "celui qui est célèbre par son pouvoir" et est d'origine espagnole.
RODRIGUE Signifie "célèbre par la gloire" et trouve son origine dans les pays hispaniques et portugais.
ROEL Signifie "célèbre" ou "renommé" et provient des Pays-Bas, où il est une variante du prénom Roland.
ROHAN D'origine celtique et signifie "roi" ou "chef de guerre".
ROIHIM Signifie "berceau" en hébreu et il est d'origine biblique.
ROMAIN Signifie "provenant de Rome" et il dérive du nom latin "Romanus".
ROMAN Le prénom Roman vient du latin "Romanus" qui signifie "romain" et fait référence à la ville de Rome. Il peut également faire référence à "Românus" en latin qui signifie "homme de Rome" ou "romain" en roumain.
ROMARIC Signifie "roi renommé" et trouve son origine dans la fusion des termes germaniques "hraban" (corbeau) et "ric" (puissant).
ROMARIO Signifie "romarin" en italien et il a des origines latines. Il est également associé au célèbre footballeur brésilien Romário.
ROMÉO Signifie "pilier de la paix" et trouve son origine dans la mythologie romaine, ainsi que dans la célèbre tragédie de Shakespeare "Roméo et Juliette".
RON D'origine hébraïque et signifie "joie" ou "chant".
RONALDO D'origine espagnole et signifie "celui qui règne avec sagesse et force".
RONI D'origine hébraïque et signifie "ma joie" ou "ma mélodie".
ROSHAN Signifie "brillant" ou "rayonnant" en persan, et il est d'origine iranienne.
ROY Signifie "roi" en anglais et il vient du terme français "roi", qui
RUBEN Signifie "voyant" ou "celui qui voit" en hébreu. Il est d'origine biblique et fait référence au fils aîné de Jacob et de Léa, dans l'Ancien Testament.
RUDY D'origine germanique et signifie "célèbre loup".
RYAD D'origine arabe et signifie "jardin" ou "paradis".
RYAN D'origine irlandaise et signifie "petit roi" ou "noble".
RYO Signifie "dragon" en japonais et il est d'origine japonaise.
SAÂD Signifie "bonheur" en arabe et il tire son origine de la culture musulmane.
SABRI Signifie "patience" en arabe et a une origine arabe.
SACHA Signifie "défenseur de l'humanité" et est d'origine russe.
SADIO D'origine sénégalaise et signifie "bonheur" ou "joie" en wolof, une langue parlée dans ce pays d'Afrique de l'Ouest.
SAËL Signifie "demande à Dieu" et trouve son origine dans la langue hébraïque.
SAFIR Signifie "précieux" en arabe et il est d'origine arabe.
SAFOUANE Signifie "celui qui est bienveillant, attentionné" et il est d'origine arabe.
SAFWAN Signifie "le roc" en arabe et trouve son origine dans la culture et la religion musulmane.
SAFWANE Signifie "élevé", "sublime" en arabe et trouve son origine dans la culture arabe.
SAHEL Signifie "rivage" en persan et il est d'origine iranienne.
SAÏD D'origine arabe et signifie "qui est prospère ou heureux".
SAÏF Signifie "épée" en arabe et est d'origine arabe.
SAÏF-EDDINE Signifie "l'épée de la religion" en arabe et est d'origine musulmane.
SAÏM Signifie en arabe "jeûneur" et il est d'origine musulmane.
SAJED Signifie "adorateur" en arabe et il est d'origine arabe.
SAJID Signifie "adorateur" en arabe et il a une origine islamique.
SALAH Le prénom SALAH vient de l'arabe et signifie "piété" ou "droiture". Il est fréquemment donné dans les pays musulmans en référence à la vertu religieuse et morale.

SALIF	Signifie "celui qui se repose sur Dieu" et trouve son origine dans la culture arabe.
SALIM	Signifie "sain, intact" en arabe et trouve son origine dans la culture musulmane.
SALIOU	D'origine arabe et signifie "serviteur de Dieu".
SALMAN	Salman est un prénom masculin d'origine arabe, qui signifie "sécurité" ou "pacifiste".
SALMANE	D'origine arabe et signifie "sûreté, sécurité".
SALOMON	Signifie "paix" et a une origine hébraïque, faisant référence au roi Salomon présent dans l'Ancien Testament.
SALVADOR	Signifie "sauveur" en espagnol et il est d'origine latine.
SAM	D'origine hébraïque et signifie "entendre, écouter".
SAMAËL	Signifie "Dieu a entendu" en hébreu et tire son origine de la tradition religieuse.
SAMBA	Signifie "l'homme qui danse" en wolof et est d'origine sénégalaise.
SAMI	Signifie "élevé" ou "qui est exaucé" en arabe. Il est d'origine arabe et souvent donné en référence à Sami Ibn Souleïmane, un homme pieux.
SAMIEL	Signifie "Dieu a entendu" et a une origine hébraïque.
SAMIR	Signifie "compagnon agréable" en arabe et trouve son origine dans la culture arabe.
SAMIRDINE	D'origine arabe et signifie "celui qui est éminent et généreux".
SAMPIERU	D'origine corse et signifie "celui qui est protégé par Dieu".
SAMSON	Signifie "soleil" et a une origine hébraïque, faisant référence à un personnage biblique connu pour sa force exceptionnelle.
SAMUËL	Signifie "Dieu exauce" en hébreu et son origine remonte à l'Ancien Testament, où il est le nom d'un prophète biblique d'Israël.
SAMY	D'origine arabe et signifie "exalté" ou "élevé".
SANAD	Signifie "appui, soutien" en arabe et trouve son origine dans la culture arabe.
SANDRO	D'origine italienne qui signifie "défenseur de l'humanité" ou "protecteur des hommes".
SANJAY	D'origine indienne et signifie "victorieux" ou "triomphant".
SANKOUMBA	Signifie "celui qui est aimé de tous" et vient de la langue Mandingue, parlée en Afrique de l'Ouest.
SANTIAGO	D'origine espagnole et est dérivé du nom de la ville de Saint-Jacques-de-Compostelle en Galice. Il signifie "Saint Jacques".
SANTINO	Signifie "petit saint" et trouve son origine italienne.
SANTU	Signifie "saint" en corse, il trouve ses origines dans la culture et la tradition de cette région française.
SAPHIR	Signifie "pierre précieuse" et trouve son origine dans le mot grec "sappheiros", qui désigne la même pierre.
SASHA	Signifie "défenseur de l'humanité" et trouve son origine en Russie, où il était initialement utilisé comme diminutif du prénom Alexandre ou Alexandra.
SATYA	Signifie "vérité" en langue sanskrit et il est d'origine indienne.
SAÜL	Signifie "demandé à Dieu" et trouve son origine dans la langue hébraïque.
SAVERIU	Signifie "sauveur" en corse et est d'origine corse.
SAYAM	D'origine arabe et signifie "éclipse".
SAYAN	Signifie "facilitateur" ou "celui qui apporte de l'aide" en mongol, et il est d'origine mongole.
SAYANN	D'origine cambodgienne et il signifie "intelligence" ou "sagesse".
SAYEL	D'origine basque et signifie "ange du soleil".
SAYF	Signifie "épée" en arabe et est d'origine arabe.
SCOTT	Signifie "homme d'Écosse" et son origine remonte à l'ancien anglais "scotti", qui se rapporte aux celtes écossais.
SEBASTIAN	Signifie "vénérable" et trouve son origine dans la Grèce antique.
SÉBASTIEN	D'origine grecque, signifie "vénérable" ou "révéré" et est souvent associé à Saint Sébastien, martyr chrétien du IIIe siècle.

SÉKOU Signifie "héritier" en langue mandingue et provient de la culture africaine, notamment de l'ethnie Malinké.

SÉLIM Le prénom SÉLIM vient de l'arabe et signifie "sain et intact", il est notamment porté en référence à Selim Ier, sultan ottoman du XVIe siècle.

SELMAN Signifie "qui a un caractère pacifique" et a une origine arabe.

SELYAN Signifie "lumière du soleil" et a des origines arabes.

SEM Signifie "nom" en hébreu et fait référence à l'un des fils de Noé dans la Bible.

SENY Signifie "sagesse" en Bambara, une langue parlée dans plusieurs pays d'Afrique de l'Ouest.

SÉRAPHIN Signifie "ardent" ou "brûlant" et tire son origine du mot hébreu "seraphim" qui désigne les anges du premier ordre, connus pour leur ardeur et leur flamme.

SERGE D'origine russe et signifie "protecteur".

SERGIO Signifie "gardien, protecteur" et a une origine latine.

SERGUEÏ Signifie "protecteur" en russe et il trouve son origine dans la langue slave.

SERIGNE Signifie "guide" ou "chef religieux" en wolof, une langue parlée principalement au Sénégal. Il est souvent donné en référence à Serigne Touba, le fondateur de la confrérie mouride et une figure religieuse très respectée dans le pays.

SETH D'origine hébraïque qui signifie "nom donné à l'enfant désiré" ou "don de Dieu".

SEVAN Signifie "lac" en arménien et fait référence au lac Sevan, le plus grand lac d'Arménie.

SEYDI Signifie "maître" en wolof, une langue parlée en Afrique de l'Ouest, notamment au Sénégal.

SEYDINA Signifie "le seigneur" en arabe et est d'origine sénégalaise.

SEYDOU D'origine malienne et signifie "le choix de Dieu" ou "élu de Dieu".

SEYF Signifie "épée" en arabe et est dérivé du mot arabe "sayf".

SHADDAÏ Signifie "le Tout-Puissant" en hébreu et vient de la tradition biblique.

SHADY Signifie "ombrageux" ou "suspect" en anglais et il peut avoir des origines anglo-saxonnes ou arabes.

SHAHEEN Shaheen est un prénom masculin d'origine persane qui signifie "faucon royal", symbolisant la noblesse, la force et la détermination.

SHAHIN Signifie "faucon royal" en persan et il est d'origine persane.

SHAHINE Signifie "faucon" en persan et son origine remonte à la culture iranienne.

SHAÏN Signifie "beauté" en hébreu et trouve son origine dans la culture juive.

SHAKUR Signifie "reconnaissant" en arabe et trouve son origine dans la culture musulmane.

SHAMS Signifie "soleil" en arabe et a une origine arabe.

SHAWN Signifie "Dieu est miséricordieux" et trouve son origine dans le prénom irlandais "Seán".

SHAY Signifie "cadeau" en irlandais et il est d'origine celtique.

SHAYAN D'origine persane et signifie "digne de rois" ou "digne de nobles".

SHAYANN Signifie "grâce de Dieu" et est d'origine iranienne.

SHELDON Signifie "vallon en admirant, joyeux" et a une origine anglaise.

SHEMS Signifie "soleil" en arabe et provient de la culture arabe.

SHEMSY Signifie "soleil" en arabe et provient de la culture arabe.

SHILOH Signifie "paix" ou "tranquillité" et trouve son origine dans la Bible, faisant référence à une ville ancienne en Palestine qui symbolise l'harmonie et la réconciliation.

SIAKA Le prénom SIAKA a une origine africaine et signifie "cadeau de Dieu" ou "béni par Dieu".

SIAR Signifie "voyageur" et trouve son origine dans la langue gaélique d'Irlande.

SIDI Signifie "seigneur" ou "maître" en arabe et il est d'origine arabe.

SIDIKI D'origine africaine, plus précisément

SIDY Signifie "saint" en arabe, et il est d'origine africaine.

SIKHOU D'origine laotienne et signifie "intelligent" ou "sage".

SIKOU Signifie "le gardien" en bambara, une langue d'Afrique de l'Ouest, et il est d'origine malienne.

SILAS Signifie "homme de la forêt" et trouve son origine dans les cultures grecque et hébraïque.
SILVIO D'origine latine et signifie "de la forêt" ou "de la nature sauvage".
SILYAN D'origine bretonne et signifie "bonne nouvelle" ou "messager de bonnes nouvelles".
SIMAO Signifie "hébreu" ou "qui entend la voix de Dieu" et a des origines hébraïques.
SIMÉON Signifie "Dieu a entendu" et trouve son origine dans la Bible, associé au personnage biblique de Siméon, l'un des douze fils de Jacob.
SIMON D'origine hébraïque et signifie "obéissant" ou "qui écoute attentivement".
SINAN D'origine arabe et signifie "aiguille" ou "pointu".
SINDOU Signifie "béni" en langue dioula, une langue parlée principalement en Côte d'Ivoire.
SIRIUS Signifie "brillant" en latin et tire son origine de l'étoile la plus brillante de la constellation du Grand Chien dans la mythologie grecque.
SKANDER D'origine arabe et signifie "défenseur" ou "protecteur".
SLAYANN D'origine bretonne et signifie "enfant de la mer".
SLOAN Signifie "guerrier" et trouve son origine dans le nom irlandais "O'Sluaghain", qui
SOÄN Signifie "don de dieu" et trouve ses origines dans la langue bretonne.
SOANN D'origine bretonne et signifie "grâce de Dieu".
SOËN Signifie "illumination" en khmer (langue cambodgienne), il est d'origine cambodgienne.
SOFIANE Signifie "homme pur" en arabe et trouve ses origines dans la culture islamique.
SOHAN Signifie "charmeur" en sanskrit et trouve son origine dans la culture indienne.
SOHANE D'origine arabe qui signifie "étoile" ou "première étoile du soir".
SOHANN D'origine bretonne et signifie "petit guerrier".
SOHEL Signifie "qui réfléchit profondément" et a des origines arabes.
SOILIHI Signifie "nostalgie" en comorien et il est d'origine comorienne.
SOLAL Signifie "paix du soleil" et tire son origine de l'hébreu.
SOLAN Signifie "noble faucon" en norvégien et trouve son origine dans les pays scandinaves.
SOLANN Signifie "soleil" en breton et trouve son origine dans la culture celtique.
SOLOMON Signifie "paix" et trouve ses origines dans la langue hébraïque.
SONNY Signifie "fils du soleil" et trouve son origine dans la langue anglaise.
SORA Signifie "ciel" en japonais et trouve son origine dans la culture japonaise.
SÖREN Signifie "aigle" en danois et en norvégien. Il est d'origine scandinave et est souvent associé à la force et à la majesté de cet oiseau.
SORY Signifie "celui qui est rapide" ou "celui qui va vite" et tire son origine de la langue guinéenne.
SOUDAYS D'origine arabe et signifie "bonheur" ou "félicité".
SOUHAÏL Signifie "étoile du matin" et trouve son origine dans la langue arabe.
SOUHAYB Signifie "rapide" ou "agile" en arabe et il trouve son origine dans l'Islam, étant le nom d'un compagnon du prophète Mohammed.
SOUHAYL Signifie "le brillant" ou "celui qui brille" en arabe, et il a une origine arabe.
SOUHEIL Signifie "facilité, bonne fortune" et trouve son origine dans la langue arabe.
SOUHEYL D'origine arabe et signifie "facilitateur" ou "celui qui rend les choses faciles".
SOUHIL D'origine arabe et signifie "facilitateur", "celui qui aide à résoudre les problèmes".
SOULAYMAN Signifie "homme pacifique" et trouve son origine dans la tradition arabe et coranique, étant la version arabe du prénom biblique Salomon.
SOULAYMANE D'origine arabe et signifie "paix et sécurité".
SOULEYMAN Signifie "paix" en arabe et tire son origine du roi biblique Salomon.
SOULEYMANE Signifie "celui qui obéit à Dieu" en arabe et il est d'origine musulmane.
SOULEYMEN Signifie "paix" et trouve son origine dans la culture arabe.
SOVANN D'origine cambodgienne et signifie "or".
SPENCER Signifie "gardien de l'approvisionnement" et trouve son origine dans le mot anglais "dispenser" signifiant "distributeur".

STAN Signifie "qui se tient près de [Dieu]" et est d'origine slave.
STANIS Signifie "celui qui est glorieux" et trouve son origine dans les pays slaves.
STANISLAS Signifie "seigneur de la gloire" et trouve son origine dans les pays slaves.
STANLEY D'origine anglaise et signifie "champ de pierres".
STEFAN D'origine grecque, signifie "couronné" ou "couronne de lauriers".
STEFANU D'origine roumaine et signifie "couronné".
STÉPHANE Signifie "couronné" et trouve son origine dans la langue grecque.
STEVEN Signifie "couronné" et a une origine anglo-saxonne.
SULAYMAN Signifie "homme de paix" et trouve son origine dans la culture arabe et islamique, en référence au roi biblique Salomon.
SULEYMAN Signifie "le prophète Salomon" en arabe et son origine remonte à l'époque biblique.
SULLY Signifie "loué, acclamé" en anglais et il est d'origine anglo-saxonne.
SULTAN Signifie "souverain" en arabe et il est d'origine arabe.
SVEN Signifie "jeune guerrier" et trouve son origine dans les pays scandinaves, notamment en Suède et en Norvège.
SWAN Signifie "cygne" en anglais et a des origines à la fois anglaises et germaniques.
SWANN D'origine anglo-saxonne et signifie "homme au cou de cygne".

SYED Signifie "maître" en arabe et il est d'origine arabe.
SYLAS D'origine grecque et signifie "homme de la forêt".
SYLVAIN Le prénom Sylvain vient du latin "silva" qui signifie "forêt", il désigne donc celui qui vit près des bois ou qui est lié à la nature.
SYLVIO Signifie "de la forêt" et a des origines latines, dérivé du nom de famille romain "Sylvius".
TAHA Signifie "pur" en arabe et est d'origine musulmane.
TAHAR Signifie "pur" en arabe et il est d'origine arabe.
TAHIRY Signifie "pure" en malgache et tire son origine de Madagascar.
TAHO D'origine polynésienne signifiant "clair de lune" ou "rayon de lune" souvent attribué aux garçons.
TAHYS Signifie "celui qui est calme et paisible" et a une origine grecque.
TAÏS Signifie "celui qui est aimé" et il trouve son origine dans la mythologie grecque, étant associé à la déesse grecque Aphrodite.
TALHA D'origine arabe et signifie "arbre fruitier".
TAMIM Signifie "intègre" ou "sincère" en arabe et est d'origine musulmane.
TANCRÈDE Signifie "conseil de fer" et a une origine germanique.
TAO Signifie "voie" en chinois et provient du concept philosophique du "Taoïsme", qui représente l'harmonie et l'équilibre entre les forces opposées.
TAOUFIK Signifie "le succès" ou "la victoire" en arabe et il est d'origine musulmane.
TAREK D'origine arabe et signifie "le matinal" ou "celui qui est le premier à se réveiller".
TARIQ Signifie "le voyageur dans la nuit" et trouve son origine dans la culture arabe.
TAYEB Signifie "bon" ou "vertueux" en arabe et trouve son origine dans la culture musulmane.
TAYLAN D'origine turque et signifie "faucon lunaire".
TAYLOR Signifie "tailleur" en anglais et il est d'origine anglaise.
TAYM Signifie "puissant" et provient de la langue arabe.
TAYRICK D'origine anglo-saxonne et signifie "roi puissant".
TAYRON Signifie "généreux" en gaélique et trouve son origine en Irlande.
TEDDY Signifie "cadeau de Dieu" et est une forme diminutive du prénom Edward, popularisé grâce au président américain Theodore Roosevelt surnommé Teddy.
TÉLIO D'origine grecque et signifie "le final" ou "la fin".
TÉLYO D'origine japonaise, qui signifie "aurore" ou "premier rayon de soleil".
TENZIN Signifie "gardien des enseignements bouddhistes" et est d'origine tibétaine.
TÉO D'origine grecque et signifie "Dieu".

TEODOR Signifie "dono de Dieu" et trouve son origine dans les langues slaves.
TÉRENCE Signifie "homme puissant" et a une origine latine.
TEYM D'origine turque et signifie "fier" ou "honoré".
THADDÉE Signifie "courageux" et vient du nom grec "Thaddaios", dérivé de l'araméen "Taddaï", signifiant "cœur".
THAÏS D'origine grecque et fait référence à une ancienne courtisane d'Alexandre le Grand, symbole de beauté et de séduction.
THAO Le prénom THAO a une origine vietnamienne et signifie "jeune pousse".
THÉLIO Signifie "lumière divine" et trouve son origine dans les langues grecques.
THÉLYO D'origine grecque qui signifie "divin, qui appartient à Dieu".
THÉO Signifie "dieu" ou "divin" en grec ancien et trouve son origine dans la contraction du prénom Théodore.
THEODOR Signifie "défenseur du peuple" et trouve son origine dans les racines grecques "Theos" signifiant "Dieu" et "doron" signifiant "don" ou "cadeau".
THÉODORE Signifie "cadeau de Dieu" et trouve son origine dans la culture grecque.
THÉOPHANE Signifie "manifestation de Dieu" en grec et a une origine religieuse.
THÉOPHILE Signifie "ami de Dieu" en grec et a une origine biblique, apparaissant dans le Nouveau Testament comme un surnom donné à l'évangéliste Luc.
THIAGO Signifie "celui qui tient un javelot" et trouve son origine dans la culture espagnole et portugaise.
THIBAULT Signifie "d'une vaillance brillante" et il trouve son origine dans la culture germanique.
THIBAUT Signifie "courageux" en allemand et trouve son origine dans l'ancien germanique.
THIERNO D'origine africaine et signifie "chef" ou "digne de respect".
THIMAËL Le prénom THIMAËL a une signification incertaine et son origine est également inconnue.
THIMÉO Signifie "dieu de l'honneur" et a des origines grecques.
THIMOTÉ Signifie "honneur de Dieu" et trouve son origine dans la version grecque du prénom biblique Timothée.
THOMAS Signifie "jumeau" ou "jumeau divin" et provient de l'araméen "Toma", qui est aussi l'apôtre d'origine juive-araméenne mentionné dans la Bible.
THYAGO D'origine brésilienne et est une variation du prénom espagnol Santiago. Il signifie "Saint Jacques" en référence à l'apôtre Jacques.
THYAM D'origine inconnue, dont la signification est également inconnue.
THYLIO D'origine grecque et signifie "celui qui est courageux et fort".
THYMÉO D'origine grecque et signifie "celui qui honore Dieu".
TIAGO D'origine portugaise et signifie "Jacques" en français, dérivé du prénom hébreu Yaakov.
TIAM D'origine khmère qui signifie "fleur de lotus".
TIDIANE Signifie "disciple" en arabe et il est d'origine sénégalaise.
TIDJANE Signifie "le juge" en arabe et tire son origine de la culture musulmane et sénégalaise.
TIDJANI D'origine arabe et signifie "celui qui suit la voie de Tidjani".
TILIO Signifie "tilleul" et il est d'origine latine
TILYO Signifie "brave" ou "courageux" et est d'origine hongroise.
TIM D'origine grecque et fait référence à une personne qui est respectueuse et honore Dieu.
TIMAÉ Signifie "celui qui est honoré par Dieu" et a une origine grecque.
TIMAËL D'origine bretonne et signifie "l'enfant du temps" ou "le cadeau du ciel".
TIMAO Signifie "respecté" en langue africaine, et trouve son origine dans les cultures swahili et nigériennes.
TIMÉO Signifie "honneur de Dieu" et il est d'origine grecque.
TIMOTÉ D'origine grecque et signifie "honneur à Dieu" ou "qui rend hommage à Dieu".
TIMOTEÏ D'origine grecque et signifie "honneur de Dieu".
TIMOTHÉ Signifie "qui honore Dieu" et provient de l'origine grecque du prénom Timotheos.
TIMOTHÉE Signifie "honorer Dieu" et il est d'origine grecque.

TINO D'origine italienne et signifie "petit" ou "jeune".

TITOUAN Signifie "chef de tribu" et trouve son origine dans la mythologie celtique bretonne, faisant référence à un dieu celte associé à la guerre et au commandement.

TIZIANO D'origine romaine" et tire son origine du nom de famille italien de renommée du célèbre peintre vénitien Titien.

TOBIAS Signifie "Dieu est bon" et son origine est hébraïque.

TOM D'origine anglo-saxonne qui est souvent utilisé comme diminutif de Thomas, et il signifie "jumeau".

TOMA D'origine slave qui signifie "jumeau".

TOMAS Signifie "jumeau" et est d'origine hébraïque.

TOMMASO Signifie "jumeau" en italien et provient du prénom grec Thomas.

TOMMY Tommy est un prénom masculin d'origine anglo-américaine qui est souvent utilisé comme diminutif du prénom Thomas et signifie "jumeau".

TOMY D'origine anglo-saxonne et est généralement considéré comme une forme diminutive du prénom Thomas, signifiant "jumeau" en araméen.

TONIN Variante provençale du prénom Antoine, d'origine grecque, qui signifie "qui se nourrit de fleurs".

TONIO D'origine italienne et est souvent utilisé comme diminutif de Antonio, signifiant "qui est digne de louanges".

TONY D'origine anglaise et est souvent utilisé comme diminutif du prénom Anthony, signifiant "inestimable" ou "digne d'éloges".

TOUDO Le prénom "Toudo" n'a pas de signification et d'origine spécifiques, car il semble être un prénom inventé ou rarement utilisé.

TRAVIS Le prénom Travis a une signification incertaine, mais il est d'origine écossaise et dérive du nom de famille écossais "Travers", qui signifie "qui traverse".

TREVOR Signifie "brave et prudent" et a des origines galloises et irlandaises.

TRISTAN Signifie "le bruyant" ou "triste" et trouve son origine dans la mythologie celtique.

TYAGO Signifie "celui qui protège" et il est d'origine latine.

TYAM D'origine africaine et signifie "force" ou "puissance".

TYLER Signifie "constructeur de tuiles" et il trouve ses origines dans les noms de famille anglais qui faisaient référence aux métiers liés à la construction.

TYLIAN D'origine bretonne et signifie "calme et serein".

TYLIANN D'origine bretonne et signifie "fille du peuple".

TYLIO Signifie "beau" en langue bretonne et trouve son origine dans la mythologie celtique.

TYMAËL Signifie "le roi des elfes" en breton et peut être considéré comme une création récente basée sur les prénoms bretons traditionnels.

TYMÉO D'origine grecque et signifie "qui honore Dieu".

TYNÉO Signifie "difficulté" en grec et il est d'origine grecque.

TYNO Signifie "rival" ou "canon" et a une origine germanique.

TYRON Signifie "roi" ou "prince" et est d'origine anglo-saxonne.

UGO Signifie "esprit brillant" en germanique et trouve son origine dans le prénom germanique "Hug" ou "Hugo".

ULYSSE Signifie "haine de la perte" en grec et fait référence au célèbre héros de la mythologie grecque, Ulysse, connu pour son intelligence et son ingéniosité lors de son voyage de retour vers Ithaque après la guerre de Troie.

UMAR Signifie "prospère" en arabe et est d'origine musulmane.

UMUT Signifie "espoir" en turc et il est d'origine turque.

UNAÏ D'origine basque et signifie "petit" ou "unique".

URIEL Signifie "le feu de Dieu" en hébreu et il a une origine biblique, étant mentionné comme l'un des archanges dans plusieurs textes religieux.

VADIM Signifie "batailleur" en russe et provient du slavon ancien.

VAHÉ Signifie "seigneur" en arménien et provient des traditions et de l'héritage culturel arméniens.

VALENTIN Le prénom Valentin provient du nom latin "Valentinus" signifiant "fort, vigoureux" et il est d'origine romaine.

VALENTINO Signifie "vaillant" ou "plein de santé" en latin et il est dérivé du nom de famille italien Valentinius ou Valentinus, qui vient du latin Valentinus, lui-même issu de Valentius, dérivé de la racine valens, signifiant "puissant" ou "sain".

VALÉRIAN Signifie "fort, courageux" en latin et trouve son origine dans le nom de la plante médicinale appelée Valériane.

VALÉRIO D'origine latine et signifie "vaillant" ou "plein de valeur".

VASCO Signifie "corbeau" en basque et il est d'origine espagnole.

VASILE Signifie "royal" et trouve son origine dans les pays de l'Europe de l'Est, notamment en Roumanie et en Moldavie.

VASSILI D'origine grecque, signifie "roi" ou "souverain" et est souvent utilisé en Russie et dans d'autres pays de tradition orthodoxe.

VIANNEY Signifie "vieux et sage" en gaulois et est également le nom du saint patron des prêtres et curés en France.

VICENZO Signifie "victorieux" et est d'origine italienne.

VICTOR Signifie "victorieux" en latin et est d'origine latine.

VIGGO Signifie "guerrier" ou "dominant" en vieux norrois et a des origines scandinaves.

VIKTOR D'origine scandinave et germanique, signifie "victorieux" ou "celui qui remporte la victoire".

VINCENT Signifie "victorieux" et provient du latin "Vincentius", dérivé du verbe "vincere" signifiant "vaincre".

VINCENZO D'origine italienne et signifie "victoire".

VIRGILE Signifie "florissant" en latin et trouve son origine dans le poète latin Virgile, célèbre pour son œuvre majeure, l'Énéide.

VIVIEN Signifie "plein de vie" et vient du latin "vivus" qui

VLAD Signifie "règle" ou "souverain" et a une origine slave.

VLADIMIR Signifie "celui qui domine le monde" et trouve son origine dans les langues slaves.

WAËL Signifie "le protecteur" ou "celui qui guide" et trouve son origine en arabe.

WAHIL Signifie "qui illumine" et a des origines arabes.

WAÏL Signifie en arabe "celui qui obtient satisfaction" et trouve son origine dans la culture arabe.

WAKIL Signifie "le représentant" en arabe et est souvent donné en référence à Allah, le Wakil, qui est le gardien et le protecteur de toutes choses.

WALI Signifie "protecteur" ou "ami" et trouve son origine dans les pays arabes et musulmans.

WALID Signifie "le nouveau-né" en arabe et trouve son origine dans la culture musulmane.

WALLY Signifie "homme de la vallée" et trouve son origine dans l'anglais et l'allemand.

WAREN D'origine allemande et signifie "gardien ou protecteur".

WARREN D'origine germanique et signifie "protecteur courageux".

WASSIL Signifie "celui qui est généreux" et est d'origine slave.

WASSIM Signifie "celui qui parle bien" en arabe et son origine peut être trouvée dans la culture arabe.

WAYNE Signifie "celui qui travaille avec habileté" et il provient de l'anglais ancien.

WESLEY Signifie "champ de l'Ouest" et trouve son origine dans les noms de lieux en Angleterre.

WILL D'origine anglaise et signifie "volonté" ou "désir de protection".

WILLAN D'origine anglaise et signifie "volonté".

WILLIAM D'origine anglo-saxonne et signifie "protège-de-valeureux".

WILSON	D'origine anglaise, dérivé du nom de famille Wil, qui signifie "fils de Will" et qui fait référence à une personne courageuse et déterminée.
WINNER	Signifie "gagnant" en anglais et est d'origine anglaise.
WISDOM	Signifie "sagesse" en anglais et il est d'origine anglo-saxonne.
WISSAM	D'origine arabe et signifie "signe, preuve, marque de distinction".
WISSEM	Signifie "beauté" en arabe et trouve son origine dans la culture musulmane.
WYATT	Signifie "brave guerrier" et trouve son origine dans les prénoms anglais et gallois.
WYLAN	D'origine anglaise et signifie "celui qui vient du pays des saules".
XABI	Signifie "nouveau" en basque et est souvent utilisé comme diminutif du prénom Xavier. Son origine provient donc de la culture basque.
XAN	D'origine basque signifiant "seigneur de l'homme" ou "homme noble".
XAVIER	Xavier signifie "nouvelle maison" en basque et son origine est liée au saint patron des missions jésuites, François Xavier.
YAACOV	Signifie "supplanter" en hébreu et il trouve son origine dans la Bible, où il est porté par Jacob, le fils d'Isaac et le petit-fils d'Abraham.
YAAKOUB	Signifie "Celui qui supplante" et trouve son origine dans le prénom hébreu "Ya'akov", porté par le prophète biblique Jacob.
YACINE	D'origine arabe et signifie "fort, puissant".
YACOB	YACOB est un prénom masculin d'origine hébraïque qui signifie "supplanter" ou "tenir le talon".
YACOUB	Signifie "Jacob" en arabe et il est d'origine biblique.
YACOUBA	Signifie "celui qui est béni par Dieu" et trouve son origine dans la culture arabe et hébraïque.
YAËL	YAËL est un prénom mixte d'origine hébraïque signifiant "la force de Dieu". Il trouve ses origines dans la Bible, où Yaël est une figure féminine courageuse et victorieuse.
YAGO	D'origine basque et signifie "il est né pour être heureux".
YAHAYA	Signifie "Dieu est miséricordieux" et est d'origine arabe.
YAHIA	Signifie "vivant" ou "celui qui vit" en arabe, et il a des origines hébraïques.
YAHYA	D'origine arabe et signifie "Dieu est miséricordieux".
YAÏR	Signifie "il illumine" en hébreu et trouve son origine dans la Bible, où il est le nom d'un des juges d'Israël.
YAKOUB	Signifie "qui supplante" et trouve son origine dans la langue hébraïque.
YAMAN	Signifie "béni" ou "prospère" et trouve son origine dans la langue arabe.
YAMIN	Signifie "bénédictions" en arabe et trouve son origine dans la culture musulmane.
YAMINE	Signifie "belle" ou "clair de lune" en arabe et trouve son origine dans la culture musulmane.
YANAËL	D'origine bretonne et signifie "fils de Dieu" ou "don de Dieu".
YANEL	D'origine espagnole et vient du nom basque "Izan El", qui signifie "celui qui est souverain" en français.
YANI	D'origine bulgare et est dérivé du nom Yana, qui signifie "Dieu est miséricordieux" ou "cadeau de Dieu".
YANICK	Signifie "Dieu est miséricordieux" et est d'origine bretonne.
YANIK	D'origine bretonne et signifie "Dieu est miséricordieux".
YANIS	D'origine grecque et signifie "Dieu est miséricordieux".
YANISS	D'origine arabe et signifie "rassurant" ou "consolateur".
YANISSE	D'origine arabe et signifie "don de Dieu".
YANN	D'origine bretonne et signifie "Dieu est miséricordieux".
YANNI	Signifie "Dieu est miséricordieux" et est d'origine grecque.
YANNIS	D'origine grecque et signifie "Dieu fait grâce".
YARON	Signifie "il éclairera" et trouve son origine dans la langue hébraïque.

YASIN Signifie "facilité" en arabe et est d'origine musulmane.
YASSEM D'origine arabe et signifie "qui lève, qui élève, qui exalte".
YASSER Signifie "celui qui prospère" ou "celui qui réussit". Il a une origine arabe.
YASSIN Signifie "fort, puissant" en arabe et a une origine islamique, étant le nom d'un des premiers convertis à l'islam et compagnon du prophète Mahomet.
YASSINE D'origine arabe, signifie "beauté" ou "excellence".
YASSIR D'origine arabe et signifie "celui qui facilite" ou "celui qui simplifie".
YAYA D'origine africaine et signifie "le courageux" ou "celui qui progresse" en langue swahili.
YAZAN Signifie "l'homme qui entreprend" en arabe. Son origine est arabe également.
YAZID YAZID est un prénom masculin d'origine arabe signifiant "augmentation" ou "croissance". Il provient du nom de famille d'un ancien chef arabe.
YAZIDOU D'origine arabe et signifie "celui qui accroît, qui augmente".
YERIM D'origine sénégalaise et signifie "quelqu'un qui est aimé et respecté".
YIGIT D'origine turque qui signifie "courageux" ou "brave".
YLAN D'origine bretonne et signifie "fils du soleil".
YLANE D'origine bretonne et signifie "belle jeune fille".
YLANN Signifie "fils du chêne" en breton et trouve son origine dans la culture celte.
YLENZO Le prénom Ylenzo est un prénom masculin d'origine italienne qui signifie "petit aigle" ou "aiglon".
YLIAN Signifie "jeune lion" et provient de l'association du prénom Yves, qui
YLLAN Yllan est un prénom mixte d'origine celte qui signifie "rayon de lune".
YOAN D'origine hébraïque et signifie "Dieu fait grâce".
YOANN D'origine hébraïque et signifie "Dieu fait grâce".
YOËL Signifie "Dieu est mon Dieu" et trouve son origine dans la langue hébraïque.
YOHAN Le prénom Yohan vient de l'hébreu et signifie "Dieu fait grâce" ou "Dieu est miséricordieux".
YOHANN Signifie "Dieu fait grâce" et a une origine hébraïque.
YON D'origine hébraïque et signifie "colombe".
YONAËL Signifie "Dieu est miséricordieux" en hébreu et trouve son origine dans la Bible.
YONI D'origine hébraïque et fait référence au terme hébreu "yônâh" signifiant "colombe". Il symbolise la paix, la pureté et la douceur.
YOSSEF Signifie "que Dieu ajoute" en hébreu et trouve son origine dans la Bible hébraïque, notamment dans l'histoire de Joseph, fils de Jacob.
YOUCEF Signifie "Dieu multipliera" et trouve son origine dans la culture arabe et islamique.
YOUENN D'origine bretonne, signifie "jeune" ou "petit".
YOUNÈS Signifie "colombe" en arabe et trouve ses origines dans la culture musulmane, plus précisément dans l'histoire du personnage biblique Jonas (ou Yunus en arabe).
YOUNESS Signifie "saint" en arabe et trouve son origine dans la culture et la religion musulmane.
YOUNOUS Signifie "colombe" en hébreu et tire son origine du personnage biblique Jonas, connu pour être avalé par un poisson puis relâché sain et sauf.
YOUNOUSS Signifie "Compagnon" ou "Proche" et il est d'origine arabe.
YOUNOUSSA Signifie "celui qui est proche de Dieu" et a des origines arabes.
YOURI Signifie "agriculteur" ou "travailleur de la terre" en russe. Il est dérivé du prénom grec Georgios, qui
YOUSSEF Signifie "Dieu ajoutera" en hébreu et est d'origine biblique.
YOUSSOUF Signifie "Dieu ajoutera" en arabe et il trouve son origine dans la religion musulmane, faisant référence au personnage biblique Joseph.
YSSA D'origine grecque et signifie "femme de l'est".
YÛNUS Signifie "colombe" en arabe et tire son origine de la figure biblique du prophète Jonas, connu pour son sauvetage miraculeux après avoir été avalé par un grand poisson.

YURI Signifie "agriculteur" en russe et provient du grec "Georgios" qui

YUSSUF Yussuf est un prénom masculin d'origine arabe qui signifie "Dieu ajoute" ou "Dieu augmentera".

YUSUF Signifie "Dieu ajoutera" en arabe et il provient du nom biblique Joseph.

YVAN Le prénom Yvan vient du prénom hébreu Yehohanan et signifie "Dieu est miséricordieux". Il est très courant en Europe de l'Est et en Russie.

YVANN D'origine bretonne et signifie "Dieu est miséricordieux".

ZACH D'origine hébraïque et signifie "mémoire de Dieu", il est souvent utilisé comme diminutif du prénom Zacharie.

ZACHARIA D'origine hébraïque et signifie "Dieu se souvient" ou "Yahweh se souvient".

ZACHARIE D'origine hébraïque et signifie "Dieu se souvient".

ZACHARY D'origine hébraïque et signifie "Dieu s'est souvenu".

ZACK D'origine hébraïque signifiant "Dieu se souvient" et est souvent utilisé comme diminutif du prénom Zacharie.

ZAHIR D'origine arabe, signifie "évident" ou "manifeste".

ZAÏD Signifie "croissant" en arabe et trouve son origine dans la culture musulmane.

ZAÏM D'origine arabe et signifie "chef".

ZAÏN Signifie "jolie beauté" en arabe et trouve son origine dans la culture musulmane.

ZAKARIA Signifie "Dieu se souvient" et trouve son origine dans la tradition religieuse juive et chrétienne.

ZAKARIYA Signifie "Dieu se souvient" en hébreu, et il est d'origine biblique, étant le nom hébreu de Zacharie, le père de Jean le Baptiste dans la Bible.

ZAKARY Signifie "Dieu s'est souvenu" et est d'origine hébraïque.

ZAKARYA Signifie "mémoire de Dieu" et trouve son origine dans la culture arabe.

ZAKI Signifie "intelligent" ou "ingénieux" et trouve ses origines en arabe.

ZAVEN Signifie "roi" en arménien et il a des origines arméniennes.

ZAYAD D'origine arabe et signifie "abondance" ou "croissance".

ZAYAN Signifie "beauté" en arabe, et il est d'origine arabe.

ZAYANE D'origine berbère et signifie "beauté" ou "femme magnifique".

ZAYANN Signifie "grâce de Dieu" et a une origine arabe.

ZAYD Signifie "augmentation" en arabe et trouve son origine dans la culture islamique, notamment porté par Zayd ibn Harithah, un compagnon du Prophète Muhammad.

ZAYDEN Signifie "le puissant" et trouve son origine dans les prénoms arabes et germaniques.

ZAYED Signifie "celui qui est prospère" ou "celui qui est généreux" en arabe. Il a des origines arabes et est souvent utilisé dans les pays du Golfe.

ZAYN Signifie "beauté" en arabe et est d'origine musulmane.

ZAYNE D'origine arabe, signifie "beauté" ou "beau".

ZAYON Signifie "cadeau de Dieu" et trouve son origine dans la culture hébraïque.

ZÉLIO Signifie "celui qui brille" et trouve son origine dans la langue grecque.

ZÉPHYR Signifie "vent doux et léger" et est d'origine grecque.

ZEYD Signifie "augmentation, croissance" en arabe. Il s'agit d'un prénom d'origine arabe.

ZEYN Signifie "beauté" en turc et trouve ses origines dans la culture turque.

ZIAD Signifie "le généreux" en arabe et trouve son origine dans la culture arabe.

ZIAN D'origine arabe et signifie "beauté" ou "belle fleur".

ZIGGY Le prénom ZIGGY est un diminutif du prénom masculin Zigfried ou Sigfried, d'origine germanique, qui signifie "victoire et protection".

ZINEDINE D'origine arabe et signifie "beauté de la religion" ou "beauté de la foi".

ZION Signifie "forteresse" ou "symbole de protection" en hébreu et son origine remonte à la Bible, où il est utilisé pour désigner la colline de Jérusalem.

ZIYAD Signifie "croissance" ou "prospérité" en arabe et trouve son origine dans la langue arabe.

ZIYED Signifie "abondance" ou "prospérité" en arabe, et il est d'origine arabe.

ZOHAN Signifie "digne de grâce" en hébreu et il a des origines bibliques.

ZOLA Signifie "qui a de l'éclat" et est d'origine italienne. Il est inspiré du nom de l'écrivain français Emile Zola.

ZORAN D'origine slave et signifie "aube" ou "nouvelle lumière".

ZOUMANA Signifie "celui qui est béni" et trouve son origine dans la culture malienne.

ZYAD Signifie "augmentation" ou "accroissement" en arabe et trouve son origine dans la culture musulmane.

ZYAN D'origine arabe et signifie "beauté" ou "élégance".

ZYED D'origine arabe et signifie "abondance" ou "prospérité".

ZYON D'origine hébraïque et signifie "lieu de paix" ou "sion".

Printed in Great Britain
by Amazon

41109989R00059